Google×スタンフォード

NO FLOP!

失敗できない人の失敗しない技術

アルベルト・サヴォイア
Alberto Savoia

石井ひろみ
［訳］

サンマーク出版

はじめに

「自分がどこで間違えたかわからない」ことほど怖いものはない

「失敗なしの人間」が失敗したとき

午前三時。気が高ぶって眠れない。

あと六時間もすれば、最後の取締役会に出席しているはずだ。共同創業者とともに五年間必死に努力し、事業を軌道に乗せようとしたものの、私たちの会社は、ファイアセール（処分価格での販売）の申し出を受け入れざるをえない状態にまで追いつめられていた。

受け入れれば、賞まで獲得した私たちの技術や資産は二束三文で人手に渡ってしまう。私が採用した何十人ものスタッフ――私と私のビジョンを信頼してくれた人々――も職を失う。三人の世界的なベンチャーキャピタリストの期待も裏切ることになる。二五〇〇万ドルもの資金だけでなく、時間や人脈、アドバイスまで提供してもらったにもかかわらずだ。私ともう一人の共同創業者を含む経営幹部は、彼らに怒りの目を向けられるだろう。要するに、「失敗」という怪物にまんまとかみつかれ、まさに地獄のような痛みを味わっていた。

なかでもつらかったのが、自分がどこで間違えたのかわからないことだった。私にとって「失敗」とは、自分より経験も能力もなく努力も足りない人間が経験する「他人事」のはずだった。そのときまでは——。

私はスタートアップ企業の技術者としても起業家としても申し分のない成功をおさめていた。草創期のサン・マイクロシステムズやグーグルに参加して、そのどちらでもすばらしいキャリアを築いてきた。ベンチャーキャピタルから資金提供を受けて会社を共同設立し、一年半後にはその資本金三〇〇万ドルの会社を一億ドルで売却したこともある。

つまり、それまでの私は三勝〇敗という完璧な経歴で、四勝目も時間の問題だと確信していた。成功のレシピは簡単だ。重要な問題を解決する新たな製品やサービスのアイデアを思いつき、有能なチームを編成して、ベンチャーキャピタルから出資を受ける。そして当初のアイデアを形にしたら、市場に投入し、株式上場する——あるいは、少なくともたっぷり儲《もう》かる価格で売却すればいい。

私たちは、そのすべてを実行していた。私たちの製品は、ソフトウェア開発業界がかかえる重要な問題に画期的な方法で対処していたし、投資先からの調査や市場調査の結果を見ても、多くの企業が私たちの製品に必要性を感じ、開発部門向けに実際に購入するだろうと予想できた。

集めたチームメンバーもとびきり優秀で、五年間、想像を絶するハードワークを続けてくれた。

ビジネスプランもすばらしく、そのプランを実行するための資金も世界最高クラスのベンチャーキャピタルから十分に提供されていた――そして私たちは、計画をきちんと実行した。

ではなぜ、失敗してしまったのか？
いったい何が悪かったのか？

どうしても眠れず、ベッドから抜け出して窓の外を眺める。いまこの瞬間、似たような境遇にある人はほかにもたくさんいるだろう。過去に同じような経験をした人も、将来経験する人もいるはずだ。そう考えると、酔いからさめたような気分になった。

「そもそも」が間違っていやしないか？

いまこの瞬間、世界中の何百万という人々が、製品やサービスなど、何かしらのアイデアを実現するために奮闘している。そうしたアイデアのなかには、やがて大成功し、私たちの世界や文化に重要な変化をもたらすものが混じっている。第二のグーグルや、第二のポリオワクチン、第二のハリー・ポッター、第二の赤十字社、第二のフォード・マスタングになるもの。もっとささやかで個人的ながら、同じくらい意義ある成功をもたらすアイデアもある。地元で愛される小さなレストランや、ベストセラーにはならなくても重要なことを教えてくれる伝記、捨てられたペットを世話する非営利の地域グループなども、そのなかに含まれるかもしれない。

だが、恐ろしいことを、同時にお伝えしなければならない。いまこの瞬間に、世に出しても失敗するようなアイデアを実現しようと必死に格闘している人も大勢いるということだ。

その努力はやがて世紀の大失敗として知られ、コカ・コーラ社の「ニュー・コーラ」や映画『ジョン・カーター』、フォード・エドセル［訳注：アメリカのフォードモーターが一九五〇年代後半に開発した車種。売上が伸びず、失敗の代名詞とされることが多い］などの仲間入りをする。

小さなビジネスモデルであれば、いつまでたっても軌道に乗らない在宅ビジネスや、出版社にも子どもにも興味をもってもらえない児童書、あまりにもマイナーな課題に取り組んでいるために賛同者が集まらない地域ＮＰＯなどだ。

もしあなたが現在、新たなアイデアの実現にかかわっているなら（個人としてでも、チームの一員としてでもいい）、前出のどちらのグループに自分は属しているだろうか？

ほとんどの人は、自分は前者のグループだと信じている。つまり、自分のアイデアは成功するはずで、あとは懸命に働いて、計画をうまく実行すればいいと。

ところが残念ながら、そうはならないのである。

ほとんどの新製品やサービス、新規事業は失敗する——どれだけ有望に見え、担当者が情熱を傾け、計画を巧みに実行したとしても。

受け入れがたいかもしれないが、これが厳しい現実だ。

人は、他人の失敗はしかたがないものだと考えがちだ。そもそもアイデアが受け入れられない〝負け組〟だったのだから、と。

一方、**自分自身や自分のアイデアについては、なぜか失敗とは無縁なものだと信じ込む。**ましてや、過去に成功体験などあろうものなら「私は大丈夫。以前にも成功したし、次も成功する。見ていてくれ！」と思っている。

私もそうだった。自分にはうぬぼれるだけの資格があると信じていた。これまで何度も成功してきたし、失敗といえば、ちょっとしたつまずきをいくつか経験しただけ。真の失敗は、自分以外の人間のみが経験するものだと思っていた。

私の自信と思い上がりが新たな高みに達したちょうどそのとき、失敗という怪物にからめとられ、背後からがぶりとやられてしまった。その結果、知識も能力もあり、準備も完璧だったはずの私は、大きな痛手を負うことになった。それは、無視するにはあまりに大きく、今後ずっと忘れることはなさそうな痛手だった。

傷口をなめつつ引き下がるか？　あるいは、反撃するか？

私は反撃に出ることにした。

失敗を「宿敵」と見なし、敵を倒す、つまり、**失敗しないための方法**を昼夜となく考えるようになったのだ。そこで生み出された方法を伝えることが、私の使命《ミッション》になった。

本書は、そのミッションの一環である。

〝失敗しない〟本書の読み方

私は実用的な人間で、本書も実用的な一冊だ。私が思うに、目標を達成したり、困難に対処したり、問題を解決したりするときは、適切な事実に注目し、それに見合ったツールや戦術を用いるのがいちばんいい。本書の構成も、そのようなつくりになっている。

Part I 事実を直視しろ

その手はじめとして、Chapter 1では「新製品失敗の法則」にあえて向き合う。はじめにお伝えしておくが楽しい作業ではない。というのも**新しいアイデアの大半は、遅かれ早かれ過酷な運命をたどる**からだ。

そのさまは、自然界を扱ったドキュメンタリーに登場する、目をそむけたくなるような残酷な光景を彷彿《ほうふつ》とさせるかもしれない。大自然の世界は容赦ないが、市場も同じだ。どんなときにも「失敗」しないためには、まずは失敗について研究し、理解する必要がある。

Chapter 2では、「新製品失敗の法則」に打ち勝つための唯一のチャンスを獲得するには「ライトイット（市場のニーズを適切にとらえ、適切に形にすれば成功する）」のアイデアが必要であることを学んでいく。この章では「ライトイット」と似て非なる邪悪な存在「ロングイット（たとえきちんと形にしたとしても失敗する、そもそもが間違ったアイデア）」を紹介し、私たちがなぜ「ロングイット」のアイデアに引っかかりやすいかを詳しく説明する。また、私が「意見」を信用しない理由についても触れる。

私が信用し、愛するもの——それはデータだ。

Chapter 3を読めば、私が市場データにどれだけ熱い思いを抱いているかを理解してもらえるはずだ。ただし同時に、あらゆるデータを平等に「愛して」いるわけではないことも明白になるだろう。むしろ私は、利用するデータにはきわめてうるさい。この章の目的は、あなたを私と同じくらいのデータ人間に変え、データの種類についても、私と同じくらい選り好みするようになってもらうことだ。

Part Ⅱ 最強の思考ツール

「その仕事には適切なツールが要る」「あなたの能力は使うツールで決まる」といった表現を耳にしたことはないだろうか？　失敗からできるだけ遠ざかるという、我々が挑む途方もなく困難な試みは、適切なツールなしには成功できないと思ったほうがいい。このパートは、私たちのツールボックスに相当する。読んでもらえば、「失敗」という怪物と闘う際に大きな助けとなる強力な「武器」が見つかるはずだ。

多くの失敗を根本的な原因にまでさかのぼってみると、いいかげんで漠然とした、混乱した思考に行きつく。自分の新製品のアイデアをすみずみまでクリアに表現できないかぎり、市場で成功できる可能性が向上するはずはない。Chapter 4では、驚くほどシンプルで効果的なツールをいくつか紹介し、切れ味の鋭い思考ができるようにする。

Chapter 5では「プレトタイピング」の概念を紹介する。「プレトタイピング」は「プロトタイピング」とどう違うのか、なぜ一字の違いが「ライトイット」を追求する際にそこまで重要なのかを説明する。また、そのうえでプレトタイピングをおこなうための効果的なアプローチを、新製品のアイデアに対する市場の反応を検証する際の活用例をふんだんに盛り込みながら数多く紹介する。

プレトタイピングを用いたテストを繰り返せば、じかに収集した新鮮な市場データがどっさり手に入るようになる。しかし、すばらしいデータがあるだけではまだ不十分だ。最良の意思決定をおこなうには、そのデータを徹底的かつ客観的に分析・解釈する必要がある。Chapter 6では、そのためのツールを紹介している。

Part Ⅲ 成功するための「戦術」

最終パートでは、新たに手に入れた知識やツールを実践に役立てるためのよりよいアプローチについて個人的な考えを共有している。Chapter 7で紹介する四つの戦術は、市場検証テストをなるべく効率的に計画・実施するための大きな味方となってくれるだろう。Chapter 8では学んだツールや戦術の実際の役立て方の一例として、新規事業のアイデアを思いついたという設定で現実的なシナリオを紹介している。
本書のChapter 1からChapter 8までは事実にもとづいた実践的な内容で、役立つ知識やノウハウを満載している。しかし最終章であるChapter 9では少々レベルアップして、やや哲学的な内容についても考えてみたい。あなたが学んだツールと戦術を、あなたはどんな用途に使うのだろう？　成功できる見込みが高いとしたら、どんな新製品やサービス、新規事業を手がけたいだろう？　できれば大きな志を抱き、高い目標を設定したいものだ。

健全に疑うことは重要

本書には、多くの実話が盛り込まれているが、しかし読む際には、あくまでもただの「話」でしかないことを忘れないでほしい。どんな話でもそうだが、人によってものの見方は異なり、記憶している内容も違う。達する結論も十人十色だ。くわえて紹介した話の多くは、それぞれが一冊の本のテーマにできるほど複雑で、興味深い教訓に富んでいる。それが本書では、たった一つか二つのパラグラフにまとめられている可能性もあるのだ。

新製品や新会社が失敗したときには、目撃者の数だけ違う話が存在する。私自身の話や事例――私が直接見聞きし、かかわったもの――ですら、私のものの見方や先入観、記憶のあいまいさによってゆがめられている。他人から聞いた、異なるタイミングの異なる状況についての逸話や風聞のたぐいでしかないと見なすべきなのだ（私はこうした情報を、この後の本文では「ＯＰＤ（他人のデータ）」と呼んでいる）。とにかく、それぞれの話や事例はそれなりに割り引いてとらえるようにしよう。

あらゆる市場で使える！

本書で紹介しているツールや戦術は、アイデアの種類を問わず適用できる。新製品（あるいは既存製品に追加する新機能）のアイデアでもいいし、新サービス（あるいは既存サービスに追加して提供する新メニュー）のアイデアでもいい。新規事業や組織に関するアイデアでもかまわない（営利・非営利の別や、活動分野〈ビジネス・政治・社会貢献など〉も問わない）。

とはいえ、字数をやたらと増やすのは好きではない。そのため「新しい製品やサービス、新規事業や組織に関するアイデア」を表す言葉として、「製品」（または「モノ」）を使っている場合も多い。本書では、「製品」や「モノ」という言葉が意味するものの範囲には、新しい種類の楽器やモバイルアプリから、画期的なおむつ宅配サービス、ソーシャルメディアのスタートアップ企業（これ以上そんなものが必要かどうかは不明だが）、ゲームソフト、アレルギーフリーの遺伝子組み換えハムスターまでが含まれている。また、大学の新たなプログラムや学科（たとえば「失敗の科学」なんてどうだろう?）、慈善団体、新しい宗教やカルト教団なども対象になる。

同じように「市場」という言葉の意味も、本書では必ずしも財布を持った人々を指すわけではない。あなたのアイデアから生まれるものを欲しがる、使う、導入するなど、何らかの形でかかわることが予想される人々であればいい。たとえば高校で教える新しい科目の構想を練っているのなら、あなたの市場は生徒たちになる。また新たな法律を制定して、町内で飛ばしまくる自転車を取り締まりたいのなら、自転車に乗る人々を市場と見なす必要がある。

要するに、この本で紹介しているツールや戦術は、次の条件に当てはまるかぎり、あらゆる市場でのあらゆる試みに適用できる。

1. 重要な投資である
2. 失敗する可能性が高い
3. そうした失敗を避けたい

つまり、私たちが取り組むプロジェクトのほとんどが対象になりうる。

また、最初にはっきりいっておくが、私の役割や本書の目的は、これまで知られていなかった事実や完全にオリジナルのアイデアを提供することではない。

紹介しているツールやテクニックのなかには、数百年も前から存在するものの、その価値にふさわしい注目や名声をいっこうに得られず、呼び名すらなかったようなものもある。それらを発掘し、ほこりを払い、少し磨いたうえで、ショーウインドウに並べたのがこの本だと思っていただくといい。つまり私の役割は、こうしたアイデアの収集家でキュレーター、および案内人なのだ。

本書を執筆するにあたって参照した事例、筋書き、アイデアの多くは、過去数年間にわたる調査の際に集めた資料にもとづいている。グーグルとスタンフォード大学のおかげで、数百回にのぼる講演やセミナー、ワークショップをおこなう機会や、コーチングを通して開発したテクニックを実際のプロジェクトに応用する機会にも恵まれた。こうしたクライアントには、学生や起業家からフォーチュン500企業のCEOまでのありとあらゆる人々が含まれていた。

彼らやその組織は、指導したツールやテクニックを実践するだけでなく、改善するための提案もしてくれ、新しいツールも教えてくれた。そのうえ、さまざまな業界での関連事例を学ぶ機会も与えてくれた。だから、どんな製品やサービス、事業に関するプロジェクトに関しても、本書は何らかの参考になるはずだ。

大胆かつ慎重に

本書で紹介した例にならったり、ツールを適用したりするさいには、自分でもよく考え、該当する法律や業界基準もすべて遵守するように注意してほしい。言うまでもないが、同じ組織など一つもない。本書のアドバイスや戦術が、あなたの状況や製品のアイデアに適切でない場合もある。

ひょっとしたら製品の種類しだいでは（たとえば医薬品）、規則や倫理に反すると見なされる場合もあるかもしれない。同じことが、厳しく規制されている業界（たとえば航空業界）についてもいえる。

本書で紹介したアイデアを適用しようとする場合、あなたは自らの行動に全責任を負うことになる。著者と出版社のいずれも、いかなる個人や組織に対しても、本書に含まれた情報によって直接または間接に生じた、あるいは生じたとされる、どのような損失や偶発的または派生的な損害についても、責任や義務を負うことは一切ない。

Contents

Part I
事実を直視しろ

Chapter 1
新製品失敗の法則

Chapter

8 失敗しない思考プロセス

ツールと戦術を用いて いかに「間違わない」意思決定をするか

Chapter 9

最終結論
失敗できない人の失敗しない技術

Part

I

Fact

事実を直視しろ

新しいアイデアを成功させるために
必要なのは、
熱意ではない。
他人の意見でもない。
データである。

Chapter 1

新製品失敗の法則

失敗という〝最もありがちな結果〟から一歩でも遠ざかるために

私は客観的な事実が好きだ。自分の希望や好みとは逆であったとしても。現実を踏まえることで足場はさらに万全になり、アイデアを実現しやすくなる。現実を直視して受け入れることは、はじめはしんどいかもしれない。だが、現実を無視した人間に降りかかる問題や困難よりは、はるかにしのぎやすいはずだ。

本書では、厳然たる客観的事実の三つの特徴に注目している。

1. 客観的な事実を受け入れることは、楽しい内容ではないかもしれない。少なくともはじめは痛みを伴う。
2. 客観的事実は浅はかな望みや思い込み、すぐ変わるような意見ではなく、中立的で信頼できるデータにもとづいている。
3. 客観的事実は確実で揺らぐことがない、永続的なものである——少なくとも、自分が生きているうちは変化しないように思える。

後半の二つの特徴（客観性と永続性）のおかげで、「客観的事実」は普遍的でいつの時代にも通用するものとなっている。

Part Iでは、失敗と成功に関する客観的事実のうちでも、とくに重要なものを紹介していく。勇気をもって耳を傾けてくれれば、きっと私と同じような行動をするようになるだろう――つまり、厳然たる事実を受け入れ、尊重するだけでなく、その価値を認めて積極的に入手し、拠り所にしようとするはずだ。**事実とは、仲よくしなければならないのだ。**

新しいことの「ほとんど」は失敗する

「失敗は許されない」といった言葉を、アクション映画や自己啓発セミナー、起死回生のためのスタッフ会議などで聞いたことはないだろうか？　人々を奮起させそうな言葉のようだが、根本的なところで完全に間違っている。

新製品を市場に送り出す際には、失敗は常に〝選択肢の一つ〟だからだ。むしろ、何かしら新しいことや従来と違うことをする場合はいつでも、最もありがちな結果こそ、「失敗する」なのだ。このことは芸術や科学の世界、人間関係を含むあらゆる場合についていえる。

新しいことのほとんどは失敗する。

「失敗は許されない」と自らに言い聞かせることは、あなたがハリウッドのアクション映画のヒーローの場合や、ピンチを脱する手段が一つしかない場合には「あり」かもしれない。

しかし、新製品を市場に送り出そうとする場合には、やめたほうが賢明だ。「失敗は許されない」と思えば、当初はやる気や自信が高まるかもしれない。しかし効果は長続きしない。それればかりか別の方向に押し出されることも多い――そして気がつけば、目の前には「失敗」という怪物の大きな口が広がっている。

だから、もう少し現実的な考え方をしてみよう。


失敗は、最もありがちな結果である。


これを、あなたが最初に直面する厳然たる事実と見なしてほしい。事実はたとえ一見、そう見えなかったとしても、いつでも私たちの味方だ。

新たなアイデアを実現させようとするとき、なぜ失敗を最もありがちな結果と見なしたほうがいいか本書を読み進むにつれ、わかってくるだろう。それはひと言でいえば、市場の現実を踏まえられるようになるからで、そうした認識は――最終的には常に――市場で成功する方向に導いてくれる。

この最初の事実はきわめて重要なので、常に念頭に置くべきだ。だから、「法則」と見なす価値は十分にある。

たとえ「きちんとつくったとしても」失敗する

私は「失敗」を怪物にたとえ、その比喩を本書のいたるところで使っているが、この怪物は新製品を世に送り出す際に、ときどき登場するわけではない。失敗は「お約束」であって「特例」ではないのだ。

ほとんどの新製品は市場で失敗する。
たとえ、どんなにきちんとつくって売ったとしてもだ。
これが、「新製品失敗の法則」である。

この後、「どんな新製品の場合でも、最もありがちな結果は失敗することだ」という最初の厳然たる事実を裏づける、確かな証拠をご紹介したい。しかしその前に、市場での「失敗」と「成功」とはどういう意味かを明確にしておこう。

市場での「失敗」と「成功」の定義を明確にせよ

私は「市場での失敗」を、「投資した新製品を実際の市場に出したときの結果」が「期待外れか、まったく逆になる」と定義する。

どういう意味か説明しよう。新製品を市場に送り出すとき、私たちはさまざまなもの――たとえば、金銭や時間、リソース、自らの評判など――を投資している。そうした投資をするのは、何かしら好ましい結果(収益や利益の増加、市場シェアの拡大、新規顧客の獲得、知名度アップなど)を得られることを期待しているからだ。もう少し具体的な例を挙げてみよう。

- 二人の会社員が、安定した仕事を辞め、貯金をつぎ込んで会社を設立することにした。彼らは、自分の会社をつくれば収入も満足感も増すだろうと期待している。
- ある企業が、既存の自社製品を改良した新製品を開発することにした。この会社は、新製品が現在の製品よりも売れ、さらに儲《もう》かるだろうと期待している。
- ある専門家が、自分の専門分野の本を書こうと思い、勤め先に長期の無給休暇を申請することにした。この専門家は、その本は首尾よく出版され、自分の経歴にもプラスになるだろうと期待している。その本がのちに出版されることになった場合、出版元の会社は、その本はある程度は売れるだろうと期待している。

- 人気があって利益率も高いレストランを経営する人物が、二号店を出すことにした。この経営者は、二号店も人気になり、利益率も高いだろうと期待している。
- 高速道路の整備にかかわる行政組織が、渋滞しがちな国道に有料優先レーンを新設することにした。この行政組織は、それによって交通渋滞が緩和され、関連諸費用をまかなうための収入も得られるだろうと期待している。

もしあなたが新製品を世に送り出し、実際の市場での結果が「期待外れか、期待とはまったく逆」だった場合、そうした状況を本書では「市場での失敗」と呼ぶ。「市場での成功」はその反対で、新製品に投資したときに、実際の市場での結果が「期待どおりか、期待を上回る」ことを指す。

なお注意してほしいが、他の基準からは「成功」と見なせても、「市場での失敗」に該当する場合もある。たとえば批評家から絶賛されたとしても、興行収入がさっぱりだった映画は、やはり——少なくとも、その映画で儲けたかった人々にとっては——「市場での失敗」になる。また、機能のうえでは申し分なく、どんな競合製品よりもすぐれているような新製品があったとしても、あまり売れず、利益が出なかったら同じことだ。「驚異的な技術」かもしれないが、「市場での失敗」といわざるをえない。国道の有料レーンを新設する場合もそうだ。新設すれば、交通渋滞は緩和されるかもしれない。しかし利用者が少なく、赤字になるようなら、通勤ドライバーから見れば「成功」でも、納税者から見れば（税金の有効利用という点では）「市場での失敗」になる。

自分にとっての「成功」とはどういうことなのか、あらかじめ明確にしておこう。

これで、市場での「失敗」と「成功」がどういう意味なのかははっきりした。次は「ほとんどの新製品は失敗する」という事実について、もう少し詳しく見ていこう。なぜ、どのようにして、どれくらいの確率で失敗するのだろう？

どれだけ大きな数字でも「ゼロをかければゼロ」

成功のカギをにぎる要素は数多くある。「要素」とは、結果に影響をおよぼす状況や事実、出来事などを指す。ここでは、アイデアが成功するために欠かせない要素を「主要素」と呼ぶことにする。多くの場合、結果にはいくつかの主要素が組み合わさって影響をおよぼしており、成功するためには、すべての主要素が適切におこなわれる（または、結果的に適切になる）必要がある。

このコンセプトを分析しやすくなるよう、視覚化してみよう。私はこれを「成功の方程式」と呼んでいる。

適切なA×適切なB×適切なC×適切なD×適切なE（等々）＝成功

たとえば、新しいレストランを開きたい場合には、腕のいい調理スタッフを雇うことは欠かせない。かりにこれを主要素Aとしよう。また、適切なエリアに適切な店舗スペースも確保しなければならない（主要素B）。それだけではない。信頼のおける仕入先（主要素C）と有能なサービススタッフ（主要素D）を見つける必要もあるし、順当な金銭管理（主要素E）をおこなうことや、適切なマーケティング戦略とそのための十分な予算（主要素F）、すぐれた業務運営能力（主要素G）も要る。そのうえ、自分ではどうにもならないような主要素もある。たとえば世の景気や競合店の状況、口コミなどだ。あなたのレストランが成功するためには、これらすべてが「適切」になる必要がある――これは、かなり難しいことだ。

逆に、失敗するためには、主要素のどれかが「不適切」になればいい――たった一つでいいのだ！

適切なA×適切なB×適切なC×不適切なD×適切なE（等々）＝失敗

算数で「〇（ゼロ）をかけるかけ算」を習ったときのことを覚えているだろうか？　どんな数字であっても――どれだけ大きくても――ゼロをかければ、ゼロになってしまう。同じ考え方が、これは成功の方程式にも当てはまる。

ご機嫌斜めの有名グルメ評論家が書いた一件の辛口レビューのせいで、レストランの命運が尽きてしまう場合もないとはいえない——そうなると、店の宣伝に一〇〇〇ドルかけようが一〇〇万ドルかけようが関係ない。どれだけ多くの主要素が適切になっていても、不適切な主要素が一つでもあれば帳消しになる。このような過酷な状況では、ほとんどの新製品が失敗したとしても驚くにはあたらない。

こうした残酷な論理を考えれば、「新製品失敗の法則」の背景にある統計にも納得がいくだろう。

アイデアがどんなものでも「九〇パーセント」は失敗する

本章の前半でお伝えしてきたことは、「ほとんどの新製品は市場で失敗する」ということである。この「ほとんどの」という言葉は、あらゆる新製品の半数以上が失敗するという意味で使っている。これは妥当な見方だろう。新製品が常に例外なく成功しているような業界を私はまだ見かけたことがないからだ。そんな業界が存在したとすれば、そこには膨大な数の新製品を受け入れ続けられるだけの、無限の需要とリソースがあることになる——そんなはずはない。

では実際には、どれくらいの確率で失敗するのだろう？　五一パーセント？　七〇パーセント？　九五パーセント？　まさか九九パーセント？　その答えには、多くの要素がかかわってくる。たとえば業種や業界もその一つだし、調査対象となった企業や製品の数、失敗の定義などによっても違う。

一般消費者向け新製品の失敗については、老舗《しにせ》ニールセンの調査レポートも参考になるかもしれない。ニールセンは過去数十年間に何千もの新製品の追跡調査をおこなっていて、毎年、報告書を発行している。その内容は驚くほど一貫している。

なんと、新製品の約八〇パーセントは当初の期待には応えられず、「失敗」や「期待外れ」と見なされるか、発売中止になる。

出版関係者（著者や出版社）、モバイルアプリ開発者、ベンチャーキャピタリスト、レストラン経営者といった人々と話すか、少し調べるかすれば、同様の話と数字（およそ八〇パーセント）に繰り返し遭遇するはずだ。

だから「新製品失敗の法則」の「ほとんど」という言葉に数字を使いたい場合、七〇パーセントから九〇パーセントの間なら、どんな数字を使ってもいいだろう。おすすめは慎重にいくことだ。あなたのアイデアがどんなものでも、とりあえず九〇パーセントの確率で失敗すると考えよう。

新商品の九〇パーセントは失敗する。数字の背景には何があるのだろう？　なぜ新製品は失敗するのだろうか。

とびきり優秀な人たちの「劇的な失敗」

「新製品失敗の法則」、「ほとんどの新製品は市場で失敗する。たとえきちんとつくって売ったとしても」この前半について反論されることはあまりない。統計データとその背景にある論理を説明しさえすれば、大多数の人は「ほとんどの新製品は市場で失敗する」という事実を最終的には受け入れてくれる。

しかし、その後の「たとえきちんとつくって売ったとしても」という部分については、かなり激しく抵抗される場合も多い。

たしかに、そうした事実をすんなり受け入れられる人などほとんどいないし、気持ちはよくわかる。以前は私も同じだったからだ。「失敗するのは、企画・開発から販売までのどこかの段階で何らかの能力や経験が不足していたから」、そう固く信じていた。

だが残念ながら、十分な経験や能力があって、計画をきちんと実行していても、失敗を追い払うことはできない。それが現実なのだ。

それでも幻想を捨てず、私は大丈夫、こんなに経験豊富で有能なんだから、などと思い続けるようなら――ただ失敗するだけでは済まないかもしれない。その傲慢さのせいで、失敗がさらに大規模で深刻になる恐れもある。

私のワークショップやクラスでは、経験や能力があっても失敗するという証拠を山ほど紹介している。すべて、その業界でもとびきり優秀なはずの人々や企業による劇的な失敗だ。そのいくつかを、ここでも紹介しておこう。

コカ・コーラとペプシコーラの販売元の二社は、清涼飲料業界で最も成功している企業といっていいだろう。両社とも、炭酸飲料の製造やマーケティング、流通にかけては世界のトップレベルにあり、数十年の経験と比類ないノウハウ、豊富なリソースを備えている。

しかし、そんなことは「新製品失敗の法則」の知ったことではない。コカ・コーラ社が「ニュー・コーラ」(一九八〇年代半ばに、「看板商品」の味を変えようとして開発した製品)を発売する際には、大がかりな市場テストと宣伝キャンペーンがおこなわれた。しかし、そうした努力や研究、準備のかいなく、消費者の反応は否定的で、ボイコット運動や抗議デモまで起きる始末だった。同社は結局、すぐにもとの味に戻している。ライバルのペプシも似たような失敗を「クリスタル・ペプシ」——透明でカフェインフリーのコーラ飲料——で経験している。

ディズニーの超大作も、マスコミ大注目のグーグル新サービスも大失敗

また『ジョン・カーター』という映画を観たことはあるだろうか？「いいえ」と答えたとしたら、あなたは圧倒的多数派に属する。あの映画も大失敗だった――二億五〇〇〇万ドルの制作費と一億ドルの販促費を投じた、ディズニーの超大作だったにもかかわらずだ。

もちろんディズニーが映画の制作やプロモーションの素人であるはずはない。しかし、そんなディズニーですら、「新製品失敗の法則」の餌食になってしまった。同じことが映画監督のジョージ・ルーカスについてもいえる。彼は、かの『スター・ウォーズ』シリーズを手がけたのち、『ハワード・ザ・ダック』の製作総指揮者となり――さんざんな目にあっている。

グーグルも、インターネット関連サービスの開発や提供にかけては、世界屈指の実績と能力を誇る。しかし、あの「グーグル検索」や「グーグルマップ」、「Gメール」を世に送り出したグーグルですら、二〇一〇年には「グーグル・ウェーブ（Google Wave）」という苦い思い出を経験している。

このサービスは、新たな形態のオンライン・コラボレーションを可能にするツールとしてマスコミからも世間からも大きな注目を浴びた。

しかし、結局は「新製品失敗の法則」と正面衝突し、グーグルは公開からわずか数か月で

「サービスを段階的に終了していく」と発表した。

その他にも、ソーシャル機能「グーグル・バズ（Google Buzz）」や眼鏡型のウエアラブル端末「グーグルグラス（Google Glass）」など、大々的に宣伝された重要プロジェクトで、似たような運命をたどったものは少なくない。

また、知名度が比較的低いプロジェクトで、失敗や立ち消えになったものもたくさんある——たとえば「ジャイク（Jaiku）」や「グーグル・アンサーズ（Google Answers）」というサービスを知っているか、使ったことはあるだろうか？

私が教えるクラスではよく、学生たちに、グーグルとマイクロソフトの製品で自分が使っているか、知っているものをすべてリストアップしてもらう。作業が終わるのを見計らって、これら二社の失敗作の一覧を見せると、毎回、学生たちのリストの五倍くらいの長さはある。「グーグル　失敗」や「マイクロソフト　失敗」といったキーワードで検索してみれば、これらの会社の失敗プロジェクトのまとめがいくつも見つかるはずだ——そのなかには「グーグル墓地（Google Graveyard）」や「マイクロソフトの死体安置所（Microsoft Morgue）」といった「Pinterest（ピンタレスト）」のページも含まれる。

「経験と能力」は新商品を手がける際には「無意味」

もちろん、ほとんどの企業は自社の失敗を宣伝したりはしない――ひそかに葬り、次に進むだけだ。しかし、少し調査すれば、どれほど成功している企業についてであっても、前出の「グーグル墓地」や「マイクロソフトの死体安置所」のようなものが作成できるだろう。

たとえば、「マクドナルドの霊安室」というサイトなら、ロブスター入りのホットドッグ「マックロブスター（McLobster）」や、スライスしたパイナップルを肉の代わりに使った「フラバーガー（Hula Burger）」、「マックスパゲティ（McSpaghetti）」などが含まれるかもしれない（イタリア出身者としては、最後の商品はとくに許せない）。

チャレンジ精神に富む優良企業の場合、失敗した製品と成功した製品との比率はゆうに五対一ほどにもなるだろう。もしかしたら、それ以上かもしれない。もっと慎重な企業であっても、かなり頻繁に失敗している。

こうした失敗に関して最も印象的なことは、その背景にいる人々や企業、リソースが、優秀どころか、その分野でトップクラスだった場合も多いことだ。その道数十年というベテランも珍しくなかった。

つまり、**経験と能力は、市場が求める製品を長期にわたって成功させるためには欠かせないが、市場に出て売れるかまったくデータのない新製品を手がける場合には、無意味**だということがわかる。

むしろ経験や能力があると、さらに人目につく大失敗につながる場合も少なくない。というのも、大きな投資をおこない、非現実的といえるほど高い期待を抱きがちになるからだ。

グーグルで得た「失敗を学ぶ機会」

ほとんどの新製品は失敗し、失敗はさまざまな理由で起こりうる。また、たとえきちんとつくって売ったとしても、「新製品失敗の法則」に対抗するには十分ではない。

では、こうした失敗をもたらす原因のうち、最も重要なものは何なのだろうか？　その「主犯」――最大の敵――を見つけ出せれば、対抗することや避けることも可能かもしれない。

私は、心当たりはあるものの、それは自分の経験のみにもとづいたもので一般的な結論を出すようなうかつなことはしたくなかった。そのため、くだんの大失敗を経験した後、私は古巣のグーグルに戻り、以前と同じポジションで新たなプロジェクトにたずさわりつつ、失敗について学び続けることにした。

ありがたいことに、グーグルは私を再び受け入れ、大歓迎してくれただけでなく、失敗について学ぶまたとない機会まで与えてくれた。というのも、イノベーションを生み出し、新製品を世に送り出す自社の能力に失敗がどう影響するのかに大きな興味を示し、私と数人のメンバーに調査して対策を考えるように命じてくれたからだ。これ以上、恵まれた環境はありえなかった。

グーグルは、失敗をそれほど恐れる会社ではない。**しかし、会社とそこで働く個人は別ものだ。ほとんどのスタッフにとって「失敗」という怪物は（少なくとも当時は）死ぬほど恐ろしい存在だった。**

会社としてのグーグルは、イノベーションには失敗という副産物がつきものだと理解し、受け入れていた。しかしスタッフの多くは、すでに成功して名の知られた製品を担当したがり、未検証の新しいアイデアに取り組むグループには参加したがらなかった。失敗すると困るからだ。友人や家族には「Gメールって知ってる？　担当してるんだよね」と言いたい。「おれ、プロジェクト〈無名〉のエンジニアなんだ」ではなくてだ。

こうした「成功にかかわりたい、失敗は避けたい」という人間の心の奥底にある欲求――いわば「失敗恐怖症」――が、すでに成功した多くの企業が革新的であり続けることを困難にしている。

これは、組織としては失敗を受け入れる準備が整っていた場合でも変わらない。企業レベルでは、たとえばGメールのような大成功例が一つでもあれば、「グーグル・ウェーブ」のような失敗が何十件も出ても補って余りあるだろう。しかし、スタッフのほうは「失敗した製品に二年間（または三年間）かかわった」と自分のレジュメに書かなければならないのだ。

私がグーグルで技術部門のディレクターを務めていたときには、スタッフたちのこうした傾向に何度も遭遇した。エンジニアや製品担当マネジャーを、刺激的だがリスクも大きいプロジェクトで重要な役回りに起用しようとしても、ほとんどの候補者は、それより低い地位であっても、すでに成功した定評あるプロジェクトを担当したがる。「失敗恐怖症」のせいだ。

ただし、大勢のスタッフは、新たな失敗は避けたがる一方、過去の失敗について語ることには抵抗がなかったようだ。むしろ大好きだったのではないだろうか。

こうした優秀で賢い人々が自らの失敗について振り返り、私に話してくれるのを聞くのは、きわめて興味深い経験だった。ほとんどの場合、私にとっての最大の関心事は、人々が次の質問にどう答えるかだった。

「あなたの製品が売れなかったのは、なぜだと思いますか？」

失敗するパターンはほとんど「ＦＬＯＰ」である

失敗体験について大勢の人にインタビューするうち、私は次のような結論に至った。

失敗（Failure）の原因は、市場参入（Launch）か機能（Operations）、またはコンセプト（Premise）である。

私はこの概念を、略して「FLOP《フロップ》」と呼んでいる。「flop」とは、英語で「大失敗」を意味する。覚えやすいし、ぴったりだ。プロジェクトが失敗する原因は、ほとんどの場合、次の三つのいずれかに当てはまっているのだ。新製品の失敗のなかで三つのうち、どのパターンがいちばん多いのか考えながら読んでみてほしい。

(1)　市場参入（Launch）の失敗

販売やマーケティング、流通のいずれかに問題があり、対象市場に到達するために最低限必要な認知度や在庫を確保できなかったときに起きる。

その製品やサービスを必要とする、または欲しがるはずの人々（つまりターゲット市場）が、その製品やサービスの存在やよさを知らなかったか、入手・利用できなかったために起きる。たとえ史上最高のアイデアで完成度も申し分なく、重要な問題を完璧に解決できるような製品でも、ターゲットとなる人々に気づいて買ってもらえなければ、失敗する。

(2)　機能（Operations）の失敗

新製品のデザインや機能、信頼性の面で、ユーザーの最低限の期待を満たせなかったときに起きる。

たとえば、見た目は美しいが座り心地が最悪の椅子、食事はおいしいがサービスに問題のあるレストラン、動作不良を起こしてばかりのモバイルアプリなどだ。運がよければ、新し物好きの人間をいくらか引き寄せ、購入・利用してもらえる場合もあるが、アイデアの実現方法がお粗末であれば、うわさはいつか広がる。最終的には、その製品は失敗する。

(3) コンセプト (Premise) の失敗

そもそものアイデアが、人々の興味を引かないものだったときに起きる。

その製品に気づいて、内容を理解している人は大勢いる。宣伝どおりの機能や性能を発揮するだろうとも信用できる。製品を見つけることも、試すことも、購入することも簡単にできる。しかし、「買いたい」「使いたい」と思ってもらえないのだ。

ほとんどの失敗は「コンセプト」が原因

私はインタビューを通して、これら三つの主要な原因を特定した。

しかし、集めた回答について、なんとなく引っかかることがあった。というのも、こうした失敗について話す際、相手は決まって、まず、〝文句〟で口火を切るのだ。

プロジェクトが失敗すると、人々は責任のなすり合いをしがちだ。たとえば、ハイテク関連のプロジェクトなら、開発部門はマーケティング部門のせいにし、マーケティング部門は開発部門のせいにする。誰もが「営業が悪い」と言い、営業部門も誰も彼もの落ち度を指摘する。レストランが失敗しても同じことで、シェフやサービス担当のスタッフ、マーケティングチームなどを批判する。インテリアデザイナーのせいにする場合すらある。

だが、こうした責任のなすり合いを卒業してもらい、もっと根本的な原因を教えてほしいと頼むと、人々はあることに気づくようになった。

じつは関係者のほとんどは、デザイン、製造、マーケティング、販売といった各自の専門分野で、有能――または、とびきり優秀――と見なされる人々だった。たしかに、何がしかの市場参入や事業運営上の問題はあったかもしれない。しかしそれらは、失敗の根本的な原因ではなかった。

責任のなすり合いから解放されると、視界がクリアになり、根本的な原因のうちでもひときわ目立つものがあると気づくようになる。こんなひらめきが頭に浮かぶ場合も多い。

「結局のところ、おれたちはいい製品をつくったし、営業もがんばった。だけどもともと、大勢の人が欲しいとも必要とも思わないような製品だったんだ！」

そう、いちばん大事な根本原因――それは、

「コンセプト（Premise）」だ。

商業的に失敗する製品のうち、市場参入や性能面で劣っていたために失敗するものの割合はごくわずかにすぎない。**ほとんどの場合、「そもそものアイデア」が悪かったせいで失敗する。**

やっと最大の敵がわかった。——そう、これが新製品を市場で失敗させる、最もよくある原因だったのだ。

こうした結果は、多くの人にとって意外だったようだ——私にとってもだ。これまで私は常に、モノづくりに費やす自分の時間とエネルギーを、すばらしい製品（高品質・高性能で拡張性が高く、機能も豊富）をつくり、最適なマーケティングや宣伝活動をおこなうために費やしていた。

ところが、最初から「自分は正しいモノをつくっている」と思い込んでいたせいで、そうした時間や努力を、市場が必要としていないモノをつくるためにムダづかいしていたのだ。ほとんどの新製品が失敗するのは、デザインや性能、マーケティングの面で劣るからではない。そもそも「市場が本当に欲しがるモノ」でないからなのだ。

私たちは、「そのモノ」を適切につくりはしたが、そのコンセプト自体が「ライトイット（正

しくつくれば市場が欲しがるもの)」ではなかった——つまり、そもそもが需要がある製品でなかったのだ。

私はこの気づきを次のような言葉にまとめた。この言葉は私のモットーになり、本書を書こうと思った動機にもなっている。

市場が欲しがるモノをつくる前には、そのアイデアがそもそも本当に欲しがられているのか(「ライトイット」なのかどうか)を確認しよう。

Chapter

2 「ライトイット」を見つけよ(The Right It)

「新製品失敗の法則」に打ち勝ち、成功する確率を劇的に上げる唯一の方法

「ライトイット(The Right It)」とは、本書の主役といっても過言ではない。これこそが「新製品失敗の法則」に対抗する、つまり「FLOP(大失敗)」しない決め手になるからだ。

事実、打ち勝つ方法はこれしかない。だからこの言葉についても、少していねいに説明しておきたい。

まずは定義からだ。

「ライトイット」とは、適切に実現すれば市場で成功するアイデアを指す。

ビジネスのアイデアに良い悪いはない。売れるアイデアか、そうでないかだけだ。

すでに述べたように、ほとんどの新製品は市場で失敗する――たとえ、きちんとつくって売ったとしてもだ。一方、市場で成功するアイデアには共通点がある。それが「ライトイット」だったということだ。言い換えれば、「ライトイット」のアイデアを手がけ、適切に実現

すれば、そのアイデアは市場で成功するということだ。

ということは、もし「ライトイット」のアイデアをあなたが手がけ、適切に実現すれば、市場で絶対に成功できるのだろうか？

残念ながら、そうではない。まずビジネスの世界に「絶対」はないし、先ほどの定義は「そのアイデアが成功する」と述べているだけで、「あなたが成功する」かどうかはわからない。まったく同じアイデアを、別の人間がもっと上手に（または、すばやく）実現する可能性は常にある。いったん有効なアイデアだと市場で証明されれば、他の人間も「ライトイット」だと気がついて飛びつき、もっと巧みに――または、たんに違う方法で――実現しようとするだろう。たとえばピザも、その典型的な例だ（私にとっては、いちばん好きな例かもしれない）。車で近所を一〇分も走ってみれば、大手も中小も含め、いかに多くの店がピザ人気の「分け前」にあずかりたがっているかを実感するはずだ。

しかし、ビジネスで「絶対に成功する」保証を得ることは不可能でも、手がけるアイデアが「ライトイット」なら、成功する確率は劇的に向上する。また本書で紹介するツールや戦術を用いれば、あるアイデアが「ライトイット」であるかどうかをすばやく確実に見きわめられる。

もちろん、それでも失敗することはある。たとえば、アイデアの実現がお粗末だったり、ライバルのほうが上手だったりした場合などだ。しかし、アイデアが「ロングイット（The

Wrong It)」の場合に比べれば、勝ち目はよっぽどある。

そもそもが間違えているアイデア「ロングイット（The Wrong It）」

「ロングイット」とは、「ライトイット」とは似て非なる恐ろしい存在だ。

私は「ロングイット」を、「たとえきちんとつくって売ったとしても市場で失敗する、そもそもが間違ったアイデア」と定義している。

たとえば、実力も経験もあるチームが、新製品のプロジェクトに取り組む。力の限りを尽くして質の高い製品を開発し、市場に送り出すが、まったく売れない――そんなときは間違いなく、「ロングイット」につかまっていると考えていい。

つまり、アイデアのコンセプト、つまりFLOPのP（Premise）に問題があり、実際の市場ニーズとずれてしまっているのだ。

そうなると、アイデアをどれほど巧みに実現したとしても（たとえば、斬新なデザイン、すぐれた性能、完全無欠の品質、洗練されたマーケティング、優秀な販売スタッフなど）、どうしようもない。それどころか「ロングイット」に時間や努力を費やすほど、失敗も大きく収拾のつかないものになり、痛手もひどくなる。

「ロングイット」のアイデアを携えて市場に乗り込むことは、勝ち目のない戦いを挑むようなものだ。たとえ当初に（おそらくは派手なマーケティング作戦を連発するなどして）話題や注目を集められたとしても、長期的に成功できる確率はやはり○・○パーセントのままだ。そもそもが間違っているのだから。

「ライトイット」と「ロングイット」がどのようなものかは、これでわかってもらえたはずだ。次に、二つの重要な質問について考えてみよう。

1．なぜ経験豊富なはずの人々が、みすみす罠《わな》にはまり、その経験と能力を「ロングイット」に捧げてしまうのか？

2．あるアイデアが「ライトイット」かどうかを、投資がそれほど大きくならないうちに知るにはどうすればいいか？

最初の質問については、この後、数ページにわたって考えていきたい。二番目の質問については、本書のPart IIとPart IIIで集中的に取り上げよう。

「市場調査をしても失敗する」理由

なぜ実力も実績もある人々や組織のこれほど多くが、莫大《ばくだい》な時間とエネルギーをつぎ込んで、商業的に失敗する製品を開発してしまうのか？　もう少しましなやり方はなかったのだろうか？　たとえば最終的な判断をする前に市場調査をするとか？　なぜ誰も彼もが「ロングイット」の罠にはまり続けるのか？

こうした質問についても、私はインタビューしてみることにした。そして、さまざまな業界にかかわる人々（数十人）を、次のようにうっとうしく質問攻めにした。

「御社では、開発している製品の需要を確認するために、どんなことをなさってるんですか？　……なるほど、市場調査ですね。で、どんな市場調査のテクニックをお使いで？　……ほう、そりゃ面白い。で、その市場調査テクニックは、これまでどれくらい効果がありました？　……ああ、それは残念でしたね——勝率はあまり高くないんですね。ところで、その市場調査にどれくらい力を入れたんですか？　……それはかなりの時間と費用ですね。これからも同じテクニックを使い続けるんですか？」

こうしたインタビューを通してわかったのは、大成功している人々や組織は、製品コンセプトの重要さを十分に理解している、ということだった。こうした人々や企業は、適切な製品を手がけられるよう、かなりの時間と費用を市場調査にかけている。だが、そうした製品でさえ大半は失敗する。いったい、どうしてなのだろう？

過去の事例にあたり、「綿密な市場調査をおこなったにもかかわらず」失敗した製品の数々について調べていくうちに、私は特定の――そのうえ厄介な――パターンに気づいた。

いわゆる「市場調査」のほとんどは、実際の市場ではおこなわれず、私が「想像の世界」と呼ぶ、作り物の環境でおこなわれていたのだ。

「想像の世界」とは架空の場所で、新製品になる可能性があるものはすべて、そこで単純で純粋な、抽象的なアイデアとして生まれ、育てられる。いわばアイデアの「ふ化場」のようなものだ。ここまでは、とくに問題はない。

問題が生じるのは、生まれたアイデアが「想像の世界」にゆっくりしすぎたときだ。そうすると、まるで船の外側にフジツボが貼りつくように、さまざまな意見を引きつけるようになる。絶賛する人もいれば、こきおろす人もいる。「専門家」と呼ばれる人々の意見でさえ、てんでばらばらだ。

しかし、**「意見」は「データ」ではない**――まったく別ものだ。主観的で偏見が混じった判断であり、大した考えや証拠もなく口にされる。そのうえ――きわめて重要なことに――**「意見」は「身銭」もまったく切られていない場合が多い**（ここでの「身銭」とは、非常に重要な概念なので、後ほど詳しく説明する）。もしアイデアが「想像の世界」に長居しすぎれば、その場限りの根拠のない判断・思い込み・好み・予想がどっさり付着してしまう。

あるアイデアが「ライトイット」かどうかは、考えるだけでは絶対にわからない。あなたの考えでも、他の人の考えでもだ。「専門家」の考えであっても同じことだ。

あなたはノストラダムスではないし、私も違う。他の人もそうだ。ときには予想どおりの結果になるかもしれないが、ほとんどの場合、それはたまたま運がよかったからにすぎない。

「ライトイット」を見つけたければ、「想像の世界」にとどまっていてはならない。現実の世界でテストを繰り返し、発見する必要がある。 しかし、いまなお、大半の市場調査は「想像の世界」にもとづいている。これは危険なことなのだ。

きちんと理解してもらえるように、もう少し具体的に説明しよう。ここでは、最もよく使われる市場調査手段である「フォーカスグループ」を例にする。

「綿密な市場調査」と「大規模キャンペーン」をおこなって大失敗

商品開発において「フォーカスグループ」というマーケティング手法がある。これは、商品のターゲットとなる代表的な人を数人集め、開発しようとしている商品について質問し、自由に議論してもらうことでさまざまな情報を得るリサーチ手法である。

まずは、この手法が、どのように使われるのかを表す例を紹介しよう。とりあえず私はビールが好きなので（ビールは、先ほど紹介した大好物のピザともぴったりだ）、私がビール会社を経営していたとしてビール商品開発を例にとる。とはいえ、どんな製品やサービスでも基本的なプロセスは同じだ。

アルベルト・ビール・カンパニー（ABC）という人気ビール会社があり、飲料業界での経験が豊富な人々によって事業運営されているとする。同社は、女性飲酒者市場にもっと切り込みたいと考えており、ターゲット市場をさらに深く理解するためにフォーカスグループを利用することにした。調査では、お酒を飲む女性たちに一室に集まってもらい（多くの場合、のぞき鏡つきの部屋だ）、次のように質問した。

「お酒を飲むとき、どれくらいの割合でビールを選びますか？」
「ビール以外のお酒を選ぶときには、なぜそのお酒を選んでいるのでしょうか？」
「どんなことがあれば、ビールをもっと頻繁に選ぶようになりますか？」

その後、インタビュー結果をまとめ、いくつかの「知見」をリストアップした、たとえば、こんな感じだ。

- フォーカスグループに参加した人々の五五パーセントは、ビールよりも白ワインが好きだと答え、その理由として、白ワインのほうが女性らしい飲み物に思えるからだとコメントした。〈答えの一例〉：「レストランで『とりあえずビール』っていうのは、あんまり女らしくない気がして」

- また三一パーセントは、ライトビールは味が薄すぎて物足らず、通常のビールはたいてい味が濃すぎるか、苦すぎるとコメントした。
- 三八パーセントは、もっと見かけも味も「女性らしい」ビールブランドがあれば、ビールを注文する回数が増えるだろうと答えた。

こうした「データ」の数々にもとづき、ABCは新製品を企画した。ライトなのにコクがある、スリムなボトル入りのビール「レディライク」だ。上層部もこの企画を気に入り、試作品を数種（おそらく、味に変化をつけながら）製造し、小粋なボトルとロゴをデザインしたうえで、二回目のフォーカスグループ調査をおこなうことにOKを出した。企画が正しい方向に進んでいるかどうかを確認するためだ。

二回目のフォーカスグループ調査では、参加者は新ブランド候補の製品を紹介され、試飲の機会を与えられたうえで、次のような質問をされた。

「もしメニューに『レディライク』ビールがあったとしたら、あなたが白ワインではなく『レディライク』を選ぶ可能性はどれぐらいでしょうか？」
「『レディライク』か通常のライトビールのいずれかを選択できる場合、どちらを選びますか？」
「ピーチ味の『レディライク』とメロン味の『レディライク』なら、どちらが飲みたいですか？」

今回の調査結果も、前回同様にまとめられた。

- 普段白ワインを飲んでいる参加者の四七パーセントが、「レディライク」がメニューにあればそちらを選ぶと答えた。
- 五四パーセントが、通常のライトビールより「レディライク」を好んだ。
- 八二パーセントが、メロン味よりピーチ味の「レディライク」を希望した。

非常に説得力のある結果だ。ABCの上層部も目を輝かせた。これなら市場シェアの二ケタ成長も夢ではないかもしれない。「レディライク」の発売は本決まりになり、販促とマーケティングのために数百万ドルの予算が割り当てられた。あとは、この成功によってもらえるボーナスの使い道を考えるだけだ。

九か月後、さまざまなメディアを活用した数百万ドル規模の宣伝キャンペーンとともに、

「レディライク」ビールは飲食店や小売店に華々しくデビューした。

ところが、それから数か月たった後も、初回納品分の在庫のほとんどは陳列棚にそのまま残っていた。どうにか購入され、各家庭の冷蔵庫までもぐり込めた六本パックもわずかながらあったが、それも同じ状態だった(一本減っていただけだ)。

あれほど綿密な市場調査と大々的な宣伝キャンペーンをおこなったにもかかわらず、「レディライク」ビールを試そうとした女性はごくわずかで、もう一本飲もうとする女性はさらに少なかった。「レディライク」のキャッチフレーズは、「ひと口飲んだら、いちころ」とでもすべきだったかもしれない。またしても「新製品失敗の法則」の犠牲者が出てしまった。

市場調査の結果は「本当に成功するために必要なデータ」なのか?

市場調査のためのフォーカスグループは、とんだインチキ集団だったのだ――おかげで、数か月にわたる苦労と莫大な金額が煙のように消えてしまった。

私の書き方が辛辣すぎるように感じる人もいるかもしれない。しかし辛辣だとしたら、こうした「想像の世界」にもとづく手法のせいでさんざんな目にあった人々から、話を聞きすぎたからにすぎない。

彼らは、最高の調査会社を使い、莫大な費用を支払って、その数か月後に一見、とても立派な報告書を手に入れた――が、その報告書が指し示していた方向は間違っていた。私自身も、「想像の世界」を信じ切った市場調査の罠に何度かはまり、そのつど、自分自身と自分に投資してくれた人々に、多大な努力や資産のムダづかいをさせてしまっている。

たとえ「想像の世界」にもとづく市場調査が信頼できる結果をもたらせたとしても（そんなことがはたして可能かどうかは別としてだ）、私の第一の選択肢にはならないだろう。というのも、これからあなたにもわかってくると思うが、**必要なデータを得るためには、もっと早く、安くてはるかにすぐれた方法があるからだ。**釘を打つためには、イタリア製の高価な靴のかかとを使うこともできる。しかし、手元に金づちがあるというのに、わざわざフェラガモの靴を傷める必要はあるだろうか？

もし、この種の市場調査（または、靴を金づちの代わりに使う方法）についてのあなたの個人的経験が私よりも前向きなら――おめでとう。私の話など気にせず、そのまま続けてくれていい。ただし、これから紹介するツールやテクニックでさらに補強することをおすすめしたい。つまり、両方の手法を採用し、二種類の市場調査を並行しておこなうのだ。

しかしながら、こうした「想像の世界」にもとづく市場調査――きわめて一般的で、一見、とても妥当なアプローチ――が、なぜこれほど信頼できず、頼りにもならない結果をもたらすのだろう？　どうしても疑問が消えない私は「現実を見誤らせる市場調査」について考えた。

「想像の世界」であなたを勘違いさせる四つの「落とし穴」

フォーカスグループやアンケート調査といった「想像の世界」にもとづく市場調査は、それ自体がきわめて大きなビジネスとなっている。たった一つの新製品のために、この手の調査に数十万ドル――場合によっては数百万ドルも――をかける企業もあるくらいだ。

なお公正を期すためにいっておくと、きちんと計画・実施された市場調査は、何かしら興味深い知見をもたらしてくれるときもある。ただし、こうした知見をどれだけ重視するかについては、十分慎重になりたい。というのも、これらは「想像の世界」にもとづいたツールであるため、さまざまな心理的な落とし穴につながる恐れがあるからだ。

これらの心理的な落とし穴は、私たちを間違った方向に導いていく。とりわけ頻繁に遭遇する落とし穴は、次の四つだ。

1. 「翻訳」という落とし穴
2. 「予想の難しさ」という落とし穴
3. 「身銭の有無」という落とし穴
4. 「確証バイアス」という落とし穴

では、一つずつ詳しく見ていこう。

1.「翻訳」という落とし穴：アイデアは〝そのまま〟伝わらない

「想像の世界」で私たちが最初に直面するのは、コミュニケーションの問題だ。せっかく新製品やサービスのアイデアがあっても、具体的な形にしないかぎり、ただの抽象論でしかない。頭のなかで自分なりに思い浮かべている「何か」にすぎない。他人にも伝えたいと思った瞬間、「翻訳」の難しさに悩まされることになる――とくに、あなたのアイデアがきわめて画期的で、相手が類似したものをいっさい見たことがない場合は苦労するはずだ。

こうした問題は、その新製品についてあなたが考える内容と、説明した相手が想像する内容はまったく別という事実から生じている。あなたのアイデアは、個人的な見方や好みによってゆがめられてしまう。そうなると、アイデアがそのまま伝わらないうえ、相手の個人的な世界観のなかだけで判断されがちになる。

たとえば、私がはじめて配車サービスのウーバー（Uber）のことを耳にしたときには、成功する見込みなどまずないと思った。そのときの私の頭のなかを再現してみよう。

「それって、まったく知らない人間の車に乗るってことか？　それも登録済みのプロが運転するタクシーじゃなく、普通の人間が運転する普通の車に？　そんなサービス、誰が使いたい？『知らない人が運転する車には乗らないように』ってのは、うちの母が何よりも先に教えてくれたことだ。成功するわけない。私も絶対使わない」

私の目には、ウーバーはヒッチハイクと同じくらい危険なものとして映っていた（運転手にとっても、客にとってもだ）。万一、受け入れられたとしても、限られた市場でのニッチな選択肢になるのが関の山で、絶対にタクシーやリムジン、公共交通手段（バスや電車など）のライバルにはなりえない――と思っていた。しかし数か月後、ある友人に説得されて、空港からの帰り道にウーバーを試してみることにした。その友人は言うのだ。「もう二度とタクシーなんて使えなくなるから！」

私はウーバーのアプリをダウンロードし、数分後には黒塗りのトヨタ・プリウスの後部座席にいた。車を運転しているのは明るく感じがいい二〇代の若者で、ボトルウォーターと小袋入りの菓子までサービスしてくれた。そしてタクシーの半額の料金で、家まで安全に送り届けてくれた。

以来、車に乗せてもらってどこかに行く必要がある場合には、ウーバーは第一の選択肢になった。「知らない人が運転する車には乗らないように」と数年前に教えた自分の娘にも、ウーバーを勧めたほどだ。娘はどう答えたかって？「パパ、ウーバーならだいぶ前から使ってるよ」とのことだった。親のアドバイスも先入観も、あまりあてにはならないのかもしれない。

2.「予想の難しさ」という落とし穴：人の予想はあてにならない

最初の落とし穴を回避して、自分のアイデアをある程度きちんと伝えられたとしても、まだ重大な危険は残っている。というのも、人々の予想はあてにならないことが多いからだ。とくに、**自分が試したことのないものに関しては、本当に欲しいのか**（または好きなのか）**や、どれくらい頻繁にどう使うか、人はよくわからない。**

たとえば、私がはじめて寿司を知ったのは、イタリアに住んでいた一〇代のころだった。日本に行ってきた友人が、日本にはマグロや鮭、ウナギ、さらにエビまで生で食べる料理があると教えてくれたからだ。私は、友人がだまそうとしているのだと思っていた。魚を生で食べるなんて、想像するだけで気持ち悪かったからだ。しかし、いまでは寿司は大好物で、週に一度は食べている。

再びウーバーがらみの例を挙げると、タクシーやリムジンの運転手ではない見知らぬ人間が運転する、普通の車に乗るというコンセプトを受け入れた後も、私ははじめ、自分はウーバーをタクシーやリムジンとまったく同じように使うだろうと考えていた――頻度でいえば、数週間に一回か二回ほどでだ。その予想は外れた。気がつけば、私はウーバーをその三、四倍利用するようになっていた。

他にも予想外のことはあった。私の娘だ。娘はこう思った。自分の車を持って、サンフランシスコの渋滞や駐車問題と格闘し続けるより、全部ウーバーにしたほうが楽だし、安いかもしれない。そして、この「想像の世界」にもとづく予想の正しさを確認するため、六か月間のテストを実施することにした。そうすれば、自分の車がないことをその間にどれだけ不便に思うかがわかり、ウーバーを利用するコストと自分の車を持つコスト（保険、維持費、ガソリンなど）の比較もできるはずだからだ。

娘は、愛車のトヨタをカギとともにわが家に預け、自分のアパートメントにウーバーで帰っていった。六か月後、娘の手元には慎重な決断をするのに十分と思えるだけのデータが集まっていた。結局、彼女自身にとっても、私たち家族にも意外だったが、娘は愛車を売り払った。いまなお、車を持つ予定はないらしい。

3.「身銭の有無」という落とし穴：利害関係のない人の意見を聞くな

「身銭」という概念は、本書の中核をなすものだ。そのため、以降も何度か見かけることになる。**この場合の「身銭」を切るとは、結果に対して利害関係――つまり、何かしら失うものや得るもの――をもっていることを意味する。**たとえば、起業家の友人がいて、その人が現在の恵まれた仕事を捨てて会社をおこせば大成功するだろう、とあなたが思っているとする。しかし、たんにそうアドバイスするのと、成功を信じている証拠として新会社に自分の金を一万ドル投資しようと申し出るのとではまったく違う。その新会社が失敗に終われば、あなたは投資した一万ドル――「身銭」――を失うことになるからだ。

意見やアドバイスを提供するのが好きな人は多い。しかし自分が「身銭」を切っていないかぎり、その際に深く考えたりはしない――結果がどうなろうと、自分は何も失わないし、得ることもないからだ。

先ほどの「レディライク」ビールのフォーカスグループの例に戻ると、この手の市場調査の大きな欠陥の一つは、結果に対する利害関係を調査対象者がもたない点にある。フォーカスグループの参加者にとっては、アンケートで大賛成した「レディライク」ビールがまったく売れなくても、痛くもかゆくもないのだ。

4. 「確証バイアス」という落とし穴

ここまで紹介した三つの落とし穴は、私たちが集める情報の信頼性にかかわるものだった。最後の落とし穴は、集めた情報の解釈にかかわる問題だ。

「確証バイアス」とは、自分の考えや理論を裏づける証拠を探し、矛盾するものは無視する

か避けるかしようとする、私たちの（きわめて人間らしい）傾向を意味する。つまり、客観的な情報を収集しようと努めないだけでなく、入手した情報を客観的に見てもいないということだ。

自分の考えに合致するデータを選んで重視し、合致しないものは却下する。たとえばアメリカでは、保守派の人々は保守系の、リベラル派の人々はリベラル系のニュース放送局を視聴する。これも、そうした傾向があるからなのだ。

ほとんどの人は、自分の考えに疑問を投げかけられたくはないし、もちろん完全に間違っていると証明されたくもない。確証バイアスは、私たちが実験をおこなう際、その実験のデザインや結果の解釈、結論に影響をおよぼす可能性がある（というより、実際におよぼしている）。

認知心理学および数理心理学の分野で活躍したエイモス・トベルスキーはこういっている。「いったん特定の仮説や解釈を受け入れると、その仮説をあまりにも信じすぎて、それ以外の見方をするのが非常に難しくなる[*1]」

主観に満ちた「見当違いの意見」に耳を貸すな

こうした「落し穴」はどれも、単独でも私たちを間違った結論に導きかねないほど強力なものだ。それらが組み合わさると、次のようなことが起きる。

- まず、アイデアは伝えられる際にゆがめられる。
- 次に、ゆがめられたアイデアが、相手の個人的な経験や偏見を通して理解され、判断される。
- 「身銭」を切った意見は提供されない。
- 仕上げとして、ゆがめられたアイデアを偏見的に判断した、こうした無責任な意見が、私たちが信じたい内容に合致するように慎重に選択・解釈される。

「想像の世界」は、客観的で信頼できる実行可能なデータの代わりに、主観的で偏見に満ちた、見当違いの危険な意見を産出しているのだ。

もちろん、こうした意見でも、市場の現実と一致し、正しい姿を反映している場合もある――壊れた時計だって、一日二回は正確な時刻を示す。しかし多くの場合、「想像の世界」は「誤検出」と「検出漏れ」の問題を生じる。**つまり、現実には存在しない市場を「ある」としたり、存在する市場を「ない」としたりするのだ。**

「好意的な意見」ほど気をつけろ

「想像の世界」で「誤検出」が生じるのは、あなたの新製品のアイデアに好意的な意見や予想が多く集まったときだ。

その手ごたえは、アイデアを実現させる価値があると思うのに十分で、「誰かに先を越されないよう、なるべく早く、大々的に実現しなければ」という気にさせる。やる気満々、自信満々になったあなたは、アイデアを実現させるために大きな投資をする。

数か月（または数年）後、デザインも性能も申し分ない新製品ができあがり、市場に送り出す……が、まったく反応はない。あれだけあった好意的な評価もバラ色の予測も、それをつくってくれれば、「買う」「使う」「採用する」という「声」もいっさい現実にはならない――少なくとも、あなたが思い描いていたレベルではだ。

では「想像の世界」が「誤検出」をすることとは、どれだけ頻繁にあるのだろうか？　ほとんどの新製品は市場で失敗するという事実にもとづいて考えれば、たぶんニューヨークの街でゴキブリに出くわす確率といい勝負だろう。「注目されていた、画期的な新製品がなぜか失敗した」といったニュースを耳にするときには、このケースに該当している可能性が高い。これもゴキブリの場合と同じで、そうしたニュースを一つ聞くたび、「誤検出」が引き起こした悲劇が他にも数百はあると思って間違いない。

「誤検出」に関する印象的な事例は、あらゆる業界や業種で見つけられる。今回は、とくに「おいしい」例を選んでみた。ちょっと古いが、要点を理解してもらうにはぴったりなはずだ。

いっとき話題になった、ウェブバン（Webvan）というスタートアップ企業を覚えているだろうか？

一九九〇年代後半、アマゾン（「ライトイット」のアイデアが適切に実現された、典型的な例）が書籍販売やCD販売ビジネスのあり方を大きく変えつつあったころ、有能で経験豊富な、いわゆる「勝ち組」のグループが、食材販売の分野でもアマゾンのような破壊的イノベーションが可能だろうと確信するにいたった。

そのアイデアは、すばらしいビジネスチャンスのように思われた。よく考えてみれば、ほとんどの家庭では本やCDに使う金額よりも日々の食費のほうがずっと多い。そのうえカリフラワーやチェダーチーズをスーパーで買うことは、本やCDの買い物に比べれば、あまり楽しくもワクワクもしない。だから市場への浸透もずっと早く、深くなるはずだった。

たしかにそうかもしれない。私の場合、本屋は大好きで、面白そうな本はないかと店内をぶらつく機会をいつも待ちこがれている——しかし、スーパーにはそれほど行きたくはない。総合的に見て、オンラインスーパーのアイデアは絶好のチャンスのように見えた。潜在市場はアマゾンの場合よりもはるかに大きくて確実だ。少なくとも、ウェブバンはそう考えていた……「想像の世界」で。

とにかく、そうした見込みにもとづき、ウェブバンの創業者たちは会社をおこすことにした。食材や日用品をインターネットで注文できるようにし、指定時間に自宅まで届けるというビジネスモデルだ。そのアイデアを聞いた人のほぼすべて——ビジネスアナリストや食品流通業界のコンサルタント、インターネットの専門家など——も、巨大なビジネスチャンスだと認めてくれた。そのうえ、お客になってくれそうな人々を対象にした聞き取り調査でも、たいていはきわめて好意的な反応が返ってきていた。

「そりゃすばらしい！　食材の買い出しは大嫌いなんだ。レジの列に並ぶのも面倒だし、買ったものを車まで運ぶのも大変だし……」

たった二年で破産申請した一大プロジェクト

言い換えれば、多くの興奮と期待、熱気には満ちていたが、誰も「身銭」は切っていなかった。ちなみに、潜在的顧客の一人として、私も大勢の人とまったく同じ反応を示していた。すでにアマゾンでの買い物がやみつきになっており、ウェブバンのサービス開始も待ちきれない気分だった。ウェブバンは大成功するだろうと思い込んでいたし、わが家もこれを機会に、食材や日用品の買い出しはほとんどオンラインで済ませるようになるだろうと予想していた。

少なくとも「想像の世界」に関しては、見渡すかぎり青空が広がっていたようなものだった。あとはアイデアを実行すればいいだけだ。誰かに横取りされる前に、なるべく早く、巧みにやりたい。

同社は、資金調達の第一ラウンドで業界トップクラスのベンチャーキャピタル数社から合計一億ドル以上の資金を首尾よく調達したのち、雇用・購買・設備投資に関する活動を一気に加速させた。数百人という人材を採用し、数十という企業と提携し、冷蔵設備付きの巨大倉庫をいくつも購入・建設した。もちろん配達用のバンやトラックも大量に買いそろえ、車両をおそろいのベージュ色にペイントして、サイドにロゴを大きく入れた。最終的にウェブバンは合計八億ドル以上の資金を調達し、使い切った。

ここからどういう展開になるかは、たぶん想像がつくだろう。ウェブバンは鳴り物入りでサービスを開始した。しかし、どういうわけか、あれだけ確かに見えた「想像の世界」はいっさい実現しなかった――少なくとも「想像の世界」にもとづく調査の予測値とはかけ離れていた。とにかく、その時点では、インターネットが書籍やCDの販売にぴったりの媒体だとわかっても、食材の販売にも向いているとは証明されなかった。

ウェブバンは二〇〇一年、事業開始からわずか二年で破産申請をおこなった。いまでもシリコンバレー界隈では、同社のベージュ色のバンをたまに見かける。破産の際に競売にかけられたもので、よく見るとロゴがうっすら残っている——それが「想像の世界」をあまりにも信頼し、そこに長居しすぎた人間がどうなるかを物語る、かすかな名残《なごり》のように見えるのは私だけだろうか。

なぜ「成功するアイデア」をあきらめてしまうのか

ここまでは「誤検出」があなたをどのように説得し、「ロングイット」となる新製品に必要以上に投資させてしまうかを見てきた。

「検出漏れ」はその逆の結果をもたらす。

「ライトイット」になりうるアイデアをあきらめさせてしまうのだ。

「検出漏れ」によって引き起こされる、典型的なシナリオはこんな感じだ。

あなたはすばらしいアイデアをもっている。それは、発生しがちな問題を解決する新たな手段かもしれないし、これまでになかった市場機会かもしれない。最高に面白い推理小説の筋書きかもしれない。とにかく、あなたは興奮も抑えきれないままに、自分のアイデアを携えて「想像の世界」へ旅に出る。そして家族や友人、パートナー候補や資金を提供してくれそうな人、見込み客——耳を傾けてくれる人すべてにアイデアを説明してまわる。しかしビジョンや興奮を共有してもらえると思いきや、理解してくれる人は意外に少ない。「そんなもの、誰が欲しいの?」「ばかげたアイデアだ」「いまの仕事は辞めないようにね」といった反応ばかりが返ってくる。

はじめのうちは、そうした反応もあまり気にならなかった。しかし、その後も同じような仕打ちが続く。あなたは、徐々に人々の疑念を受け入れるようになり、ほどなく完全にあきらめてしまう。そして「どうしてこんなアイデアが成功すると思ったんだろう?」と悔いるようにさえなる。

それから一年ほどたったある日、あなたはまったく同じアイデアで他人が成功していることを知る。またしても「想像の世界」は「検出漏れ」を生じ、新しい犠牲者を生み出したのだ。

グーグルですら「大したビジネスに成長するわけがない」と思われていた

本書を読んでいる人のなかには、新製品や新規事業の企画にたずさわる人もおそらく多いだろう。だから、ここまで紹介してきたような「検出漏れ」の悲劇もすでに見聞きしているかもしれない。私自身、こうしたシナリオを何度も体験している。アイデアを否定され、ばかにされる側としても、否定する側としてもだ。もう一つ例を紹介しよう。

その昔、私がとあるスタートアップ企業(ちなみに「グーグル」という名前だった)に初代エンジニアリング・ディレクターとして参加する機会を与えられたとき、友人や当時働いていた会社の同僚のほとんどは愚かな選択だと思ったようだった。

検索エンジン（アルタビスタを覚えているだろうか？）にしろ、ヤフーのようなポータルサイトにしろ、定着しているサービスはすでにいくつもある。ニーズは満たされていて、市場は飽和状態なんじゃないか？

私はそうした意見を無視し、グーグルに参加した。数か月後、私は仲のいい友人を仲間に引き込み、「グーグルアド（Google Ad）」システムの担当チームで活躍してもらいたいと思った。私は彼に、これまで開発されたうちで最も儲かるしくみを自分たちはつくっていて、数年後には数十億ドル規模の収益をもたらすはずだ、と説明した。彼はこう答えた。「数ドルくらいなら稼げるかもしれないが、そんな大したビジネスに成長するわけがない。オンライン広告をクリックしたことなんて一度もないよ」

私が誘ったもう一人の友人は、ヤフーでもっと低いポジションに就くことを選んだ。彼は、グーグルはインターネット業界では二流以下で、今後もそうだと見ていた。彼の目には、グーグルのシンプルなホームページは、一切合切を詰め込んだヤフーのランディングページに比べれば貴重な画面スペースのムダづかいとしか映らなかった。検索順位を決めるためにグーグルが使うアルゴリズム「ページランク（PageRank）」も、人の手で整備されたヤフーの結果にかなうはずがないと考えていた。

グーグルの場合、私は正しい選択をし、二人の友人はいまでも後悔しているようだ。とはいえ、私も間違えた経験は数えきれないほどある。私がはじめて聞いたときにばかにしていた、比較的最近のアイデアをいくつか、当時のリアクションを含めて紹介しよう。

［ツイッター（Twitter）］誰が私みたいな人間をフォローしたい？　私自身もフォローなんかされたくない。だいたい、なんで一四〇文字までなんだ？

［ウーバー（Uber）］絶対にごめんだね。タクシーがつかまらなくて、リムジンを雇うような余裕もなくても、見知らぬアマチュアが運転する自家用車に乗るくらいなら、バスを使うよ。ひょっとして次は、見ず知らずの人間の家に泊まれとでもいいだすのか？

［エアビーアンドビー（Airbnb）］インターネットを通して知り合った面識もない他人を自宅に泊める？　そんなふうに自宅を開放したい人間も、見知らぬ他人の家で一夜を過ごしたい人間も大勢いるとは思えない。ホラー映画を観たことはないのか？

［テスラ（Tesla）の初代ロードスター］二人乗りの電気自動車に一二万ドル？　それだけ払えば、ポルシェか中古のフェラーリが買えるのに？

まだいくらでも続けられるが、いいたいことは通じたと思う。それに、こうした製品やビジネスのアイデアに対して、当初は否定的な見方をしていたのは私一人ではなかった。私が話をした人々のほとんども、似たような反応をしていた。新しいアイデアの場合、こうしたことはほぼ常に起きるといっていい。

「自分の意見」も「他人の意見」も「専門家の意見」でさえも信用できない

「新製品失敗の法則」と「想像の世界」が組み合わさった場合、おそらくあなたは、次の二つのシナリオのいずれかの犠牲になってしまうだろう。

- 「新製品失敗の法則」を無視し、「想像の世界」での「好意的な意見や予想」を信じた結果、「ロングイット」のアイデア――つまり、失敗する運命にあるアイデア――に必要以上に投資してしまう。
- 失敗を恐れ、「想像の世界」からの反対意見を信じた結果、「ライトイット」――つまり、きちんと実現すれば、成功するはずのアイデア――をあきらめてしまう。

すでにお伝えしたように、「想像の世界」からの意見と、実際の世界の状況が一致する場合もある。「誤検出」や「検出漏れ」が起きるほうが普通だが、「正しい検出」や「正しい未検出」

になる場合もなくはない。

ときには「想像の世界」で絶賛されたアイデアが、そうした反応にもとづいて実現され、成功したりする（「やっぱり大成功だ！」）。また、「想像の世界」で酷評されたアイデアが、そうした反応にもかかわらず実行され、さんざんな結果に終わることもある（「だから言ったのに。前の会社にまた雇ってもらえるか聞いてみたら？」）。

どうすれば「想像の世界」で得た検出結果の真偽がわかるのだろう？

私の結論は「わからない」だ。先ほど述べた「翻訳」の落とし穴、「予想」の落とし穴、「身銭の有無」の落とし穴、「確証バイアス」の落とし穴を含め、アイデアの成功率を見誤らせる罠があまりにも多くひそんでいる。

しかし、自分の意見や他人の意見、専門家の意見さえも信頼できないとすれば、実現させたいアイデアがあったとき、それが成功する確率をどう見きわめられるのだろう？


それには、データが必要だ！

Chapter 3

データは意見より強し

グーグルでは「意見」は無価値

この章のタイトル「データは意見より強し」は、グーグル社内で重視されている基本原則を意識している。

私はもともと合理性を尊ぶ人間で、仕事での意思決定もデータと客観的事実にもとづいて自分はおこなっていると信じていた。しかし二〇〇一年にグーグルに入社したとき、いかに自分の意見や好み、思い込みに影響されていたかを思い知らされることになった。

グーグルでは意見はまったくの無価値と見なされる、とまではいわない。だが会議に二、三回出席して私が気づいたのは、自分の意見を裏づける十分な客観的データを提示できないかぎり、この会社で議論に勝ったり、同僚を説得したりはできなさそうだ、ということだった。

それだけではない。**グーグルの意思決定プロセスでは、「データとは何か」が非常に厳密に**

定義されていた。普通ならデータと見なされるものが、グーグルの基準では不合格になる。社内の意思決定プロセスでまじめに取り合ってもらいたければ、使っているデータは多くの基準を満たしている必要があった。その一部を紹介しよう。

データの基準① 新しくなければならない

データは新しければ、新しいほどいい。なぜなら、数年前（数か月前や数週間前かもしれない）に正しかったことが現在も正しいとは限らないからだ。とくにハイテク業界やインターネット業界では肝に銘じておきたい。こうした分野では、人々の考え方や期待は目まぐるしく変化する。

たとえば、一九九〇年代後半の時点では、ウェブサイトのパフォーマンスを判断する目安の一つは、利用者がサイトを訪れたときに八秒未満でページを表示できるかどうかだった。広く報じられた研究結果では、ページを表示するのに八秒以上かかれば、サイト訪問者の少なくとも五〇パーセントは待ちきれず、別のサイトに去ってしまうことが示されていた。

こんにちでは、八秒という時間はユーザーの九〇パーセントには永遠のように感じられるはずだ。ウェブサイトのページは瞬時に表示されるのが当たり前で、二、三秒かかればもうさよならだ。「八秒ルール」は「二秒ルール」に取って代わられている。数年後にはおそらく

「〇・五秒ルール」になっているだろう。

データのなかには、鮮度がとくに落ちやすいものがある。そういう場合、真夏に車の後部座席に置きっぱなしにしたバナナよりも早く腐ってしまう。もちろん、わりあい長持ちするデータもある。しかし残念ながらバナナが熟れるときとは違い、**データの鮮度が落ちるときには、茶色い斑点を生じたり、実が柔らかくなったりするといった「警告」は発されない。**目安になりそうな賞味期限もない。要するに、使用するデータを選ぶ際には、自分で気をつけるしかない。データの鮮度が疑わしいときは、使わないほうが安全だ。

データの基準② 製品と強く関連していなければならない

使用するデータは、対象の製品や意思決定に直接関係していなければならない。そんなこと当たり前だと思うかもしれない。しかし、**関連性の薄いデータがいかに頻繁に意思決定プロセスに紛れ込むか**を知れば、きっと驚くだろう。

たとえば、マクドナルドでハンバーガーを買う客が、注文時に勧められてもオニオンリングを買わなかったとしても、あなたが検討しているハンバーガー店のメニューから外すべきだという証拠にはならない。

データの基準③　出どころを把握しておかなければいけない

意思決定の際には、他人が収集したデータに頼るべきではない。別の組織やプロジェクト向けに収集されたデータについても同じことだ。こうした人々がどんな手法を使ってデータを集め、ふるいにかけているかわかったものではない。データをまとめて要約する際、どんな偏見や影響、意図がかかわっているかもだ。

たとえば、先ほど挙げた「八秒ルール」に関する研究は、ウェブサイトのパフォーマンスを向上させるための製品やサービスを販売する企業によって資金提供され、宣伝されていた。つまり研究チームにとっては、そうした製品やサービスに有利なデータを報告するほうが得だったのだ。使用するデータがどこから来ているか、どのように収集・選別されているかは必ずきちんと把握しておこう。

データの基準④　統計的に正確でなければいけない

またデータは、統計的に有意である必要がある。つまり、結果がたんなる偶然でないようにするため、サンプル数は十分に多くするべきだ。自分の個人的な経験や一回限りの出来事をデータとは呼べない。私はグーグルに参加した当初にそうした過ちを二回おかし、いずれの場合もすぐさま**「エピソードはデータではない」**と集中砲火を浴びるはめになった。

誤解のないようにいっておくと、私はこうした基準について、グーグルで正式な研修を受けたわけではない。しかし会議に二、三回も出席すれば、「データは意見よりも強し」という場合の「データ」とは、新鮮で強い関連があり、信頼できて統計的にも有意なものでなければならないと誰でもはっきり理解したはずだ。

また、そうしたデータを得るための最も迅速かつ信頼できる方法は、自分自身でデータを収集することだとも学んだ。同時に「他人のデータ」に深い不信感を抱くようにもなった。

「他人のデータ(OPD)」を信用するな!

自分のアイデアが市場で成功しそうかどうかを見きわめる際には、他人のデータ(Other Peaple's Dataの頭文字をとってOPDと呼ぶ)は重視してはいけない。一見、きわめて魅力的な近道に思えるが、危険な「手抜き工事」になる可能性が高いからだ。

まず、私がどのようなものを「他人のデータ(OPD)」と定義しているかを説明しておこう。

OPDとは、他人によって/他のプロジェクトのために/他のときに/他の場所で/他の手法で/他の目的で収集・集積された市場データのことで、こうした条件の一つでも該当していれば、すべてOPDと考えていい。

OPDは、先ほど説明した新鮮さ、関連性、信頼性、統計的な有意さという基準の少なくとも一つを満たしていない。もちろん、同じようなアイデアに関して他人がおこなった実験や行動、判断の結果を、あなた自身の実験や行動、判断の参考にすることは可能かもしれない。しかし、それだけでは十分ではないし、自分で集めるデータの代わりにはならない。それはなぜか？

他人のデータが自分で集めるデータの代わりになることを説明するためには、どんなビジネスや製品、サービスについてであれ、考えられる五通りのシナリオを思い浮かべる必要がある。

［シナリオ1］あなたが世界ではじめてそのアイデアを思いついた
［シナリオ2］似たようなアイデアを思いついた人は他にもいたが、あきらめた
［シナリオ3］似たようなアイデアを思いついた人が他にもいるが、まだ市場には送り出してはいない
［シナリオ4］似たようなアイデアを思いついた人間が他にもいて、実現させたが失敗した
［シナリオ5］似たようなアイデアを思いついた人間が他にもいて、実現させて成功した

こうしたシナリオについて、一つずつ考えてみよう。

[シナリオ1] あなたが世界ではじめてそのアイデアを思いついた

このシナリオになることは、きわめてまれだ。なぜそう言い切れるかって? 私自身が常に、新しくユニークで、説得力ある製品のアイデアを自分の講座やワークショップ用に見つけようとしていて、それがほぼ不可能なタスクだと身に染みてわかっているからだ。

説得力や美意識、倫理観を取っ払って考えた場合ですら(犬向けのビール、リス肉のハンバーガー、クローン猫など)、すでに他の誰かが検討していた。そのうえ、現在ではインターネットであらゆる情報が収集できるといっても、似たようなアイデアを考えているか、ひそかに取り組んでいる人間が世界中に一人もいないと確認するすべはない。もし本当に、そのアイデアを世界で最初に思いついたという希少なケースの場合には、「他人のデータ(OPD)」を気にかける必要はない――存在しないからだ。そこは前人未踏の地で、あらゆるデータは自分で収集しなければならない。

［シナリオ2］　似たようなアイデアを思いついた人は他にもいたが、あきらめた

似たようなアイデアを思いついた人間は他にもいたが、実現はあきらめた場合。このシナリオからも、使えそうなデータはいっさい得られない。似たようなアイデアを誰も製品化しなかったとしても、そのアイデアが商業的に成功しないとは限らない――もし、きちんと実現されればだ。

新しいアイデアを思いつくのは比較的たやすいが、実現させるためには、努力や犠牲、「身銭」、その他もろもろが必要となる。アイデアが豊富にあっても、何の行動も起こさない人は大勢いる。その事実からは、そうした人物の人となりについて何らかのことがわかるかもしれないが、そのアイデアが成功する可能性とはいっさい関係ない。

［シナリオ3］　似たようなアイデアを思いついた人が他にもいるが、まだ市場には送り出してはいない

このシナリオからも有益な市場データは得られない。というのも、相手のもとにスパイでも送り込まないかぎり、何もわからないからだ。そもそも自分のアイデアとどれだけ似ているのか？　すでに市場でテストや実験はおこなったのか？　おこなっている場合、どんな内容でどんな結果だったのか？　相手はどれだけリスクを許容できるのか？――わからないこ

とだらけだ。

【シナリオ4】似たようなアイデアを思いついた人間が他にもいて、実現させたが失敗した

このシナリオからは多少のデータは得られるだろうが、意思決定の拠り所にできるほどではない。どこかの段階で何らかのへまをしでかしているかもしれないし、製品自体も、ささいだが決定的な点であなたのアイデアと異なっている可能性もある。くわえて、そのアイデアを実現させたタイミングや地域、対象ユーザーなどが異なる場合、あなたのアイデアやターゲット市場に結果が当てはまらない恐れもある。

あるとき、ある場所で失敗したアイデアが、別のとき、別の場所で大成功する――そんな事例はビジネスの世界にはあふれている。マクドナルドのマックスパゲティはほとんどの国で失敗した。しかし、フィリピンではなんと人気メニューの一つなのだ。

【シナリオ5】似たようなアイデアを思いついた人間が他にもいて、実現させて成功した

このシナリオからは関連性のある市場データが得られる可能性があるが、やはり意思決定の拠り所にできるほどではない。すでに誰かが似たようなアイデアで成功していれば、あな

たも必ず成功できるということにはならない。たとえば、一九八三年に出版された、邪悪な意志をもつ殺人自動車を描いたスティーヴン・キングの小説『クリスティーン』がベストセラーになり、映画化までされたとしても、殺人オートバイを描いたアルベルト・サヴォイアの小説『マドレーヌ』が成功するとは限らない。

以上、考えられる5つのシナリオを見てきたが、要するに、**自分のアイデアに関して何らかの判断をするときは、似たようなアイデアについて他人が何をしたか（または何をしなかったか）だけで判断してはいけない**、ということだ。そうした他人の経験や結果、データが必ずしもあなたのアイデアに当てはまるわけではないからだ。

では、似たようなアイデアや市場を対象にした他人のデータはすべて無視しろということなのだろうか？　必ずしもそうではない。完全に無視しろといっているわけではない。というのも、他人のデータであっても、何かしら——おそらくは多くのことが学べるだろうからだ。しかし、他人のデータに依存しすぎてはいけない。十分なデータではないからだ。新たなアイデアの市場でのポテンシャルを見きわめようとする際、それでは不足で、あなた自身のデータの代わりにはならない。

あなた自身に必要なデータ（ＹＯＤ）を自ら収集しろ！

あなた自身のデータ「ＹＯＤ」（Your Own Dataの頭文字をとってＹＯＤと呼ぶ）とは、あなた自身のチームがじかに収集した、アイデアの有効性を確かめるための市場データを意味する。

ＹＯＤと見なされるためには、データは、新鮮さ、関連性、信頼性、統計的な有意さという基準を満たさなければならない。ＹＯＤはいわば他人のデータ（ＯＰＤ）の逆で、はるかに価値ある収穫をもたらしてくれる。

あらゆるデータがインターネットで入手できる昨今、ＯＰＤのほうがずっと簡単に手に入るように思えるかもしれないが、こうした誘惑に負けてはならない。ひと握りのＹＯＤの価値は、一トンものＯＰＤに匹敵する。

そのうえありがたいことに、ＹＯＤの収集は時間がかかるわけでも困難でもなく、高価ですらない。むしろ新鮮なＹＯＤを入手することのほうが、どこかから古びたＯＰＤを発掘してきて手入れするより、手早く簡単で、楽しいことが多い——とくにPart ⅡとPart Ⅲで紹介するツールや戦術を活用すれば、そうなるはずだ。

PartⅠのまとめ&PartⅡに向けて

PartⅠでは、失敗について学ぶために多くの時間を費やした。こうしたアプローチは、物事をはじめるにあたって最もやる気が出るやり方ではなかったかもしれない。しかし、ほとんどの新製品がなぜ、どのように市場で失敗するのかを理解しておくことは、PartⅡとPartⅢで紹介するツールやテクニック、戦術の価値を知り、理解するための準備として必要不可欠なのだ。先に進む前に、ここまで学んだことを簡単におさらいしておこう。

PartⅠで取り上げた内容の要点を次にまとめた。繰り返し読み、暗記するだけの価値があるものだ。

- 「新製品失敗の法則」　ほとんどの新製品は市場で失敗する――たとえ、きちんとつくって売ったとしても。
- その理由は、もともとアイデアが「ロングイット（たとえきちんと形にしたとしても失敗する、そもそもが間違ったアイデア）」――どれだけ巧みに実現しても、市場では興味をもってもらえないもの――だった場合が多い。
- 市場で成功する可能性をなるべく高くしたいのなら、「ライトイット（適切に形にすれば成功するアイデア）」を採用し、きちんと実現させることだ。

・新しいアイデアが「ライトイットト」かどうかを見きわめる際には、自分の直感や他人の意見、他人のデータ（OPD）はあてにならない。
・新しいアイデアが「ライトイット」である可能性が高いかどうかを知るための最も信頼できる方法は、あなた自身のデータ（YOD）を収集することだ。

Part IIでは、あなた自身のデータを収集・分析・解釈する際に役立つツールや手法を三つの分野に分けて紹介する。その一つは思考に役立つツールで、アイデアを明確にし、どんなデータを収集すべきかを考える際の助けになる。もう一つはさまざまなプレトタイピングの手法で、アイデアを市場でテストしてYODを収集するプロセスを効率化する。三つ目は分析に役立つツールで、収集したデータを客観的に解釈して、意思決定に活用できるようにする。

【注釈】

＊1
ある製品に対する市場の反応を予想しようとする際、「想像の世界」にもとづく市場調査をこれほど頼りないものにしている原因は、認知上の誤りやバイアスに関連し、さらなる専門研究が必要となるものだ。一見、合理的なように思える自分の脳がいかに私たちをだましているかというエ

ビデンスや事例をもっと知りたい人には、『ファスト&スロー あなたの意思はどのように決まるか？』（ダニエル・カーネマン著、早川書房、二〇一四年）をおすすめしたい。

Part

Ⅲ

Tool

最強の思考ツール

「失敗」という怪物と
戦うために必要な
「武器＝プレトタイプ」を授けよう。

Chapter 4

正確な仮説を立てろ

あいまいさを排除し、明確で鋭い思考ができるようになるツール

ただ漠然と考え、現実を直視しない場合、「想像の世界」でどんなことが起きうるかはわかっていただけたはずだ。現実に目を向けることの重要性についてはもう少し後で触れることにして、まずは、新製品のアイデアを検討する際の思考の仕方から修正していこう。

クリアな思考をすることはきわめて重要だ。もし、あなたのアイデアがあいまいで不明瞭だったり、受け取り方によってはさまざまな解釈ができるようなら、先に進むための基盤が整っていないことになる。だからアイデアを検証する前に、**まずはそのアイデアを十分に正しく、端的に、誰にでもわかる表現にする必要がある。**そうでなければ、有益で信頼性の高いテストを設計することは難しい。

これから数項目にわたり、あなたの思考からあいまいさを排除し、明確で鋭い思考ができるようにするための概念やツールを紹介していく。まずは、なくてはならない全能のツール「市場の反応に関する仮説（MEH）」からだ。

市場がなければ「道はない」

Part Iで紹介した「成功の方程式」を覚えているだろうか？

適切なA×適切なB×適切なC×適切なD×適切なE（等々）＝成功

アイデアが市場で成功するためには、数多くある主要素が「すべて」適切でなければならない。たとえば、新しいレストランに関するすぐれたコンセプトがあっても、それだけではどうしようもない。有能な調理スタッフやサービススタッフをそろえたうえで、効果的な宣伝キャンペーンを打って世間の注目を集め、口コミサイトによいレビューを投稿してもらえるようにし、道路をはさんだ向かい側にカリスマシェフが競合店を出さないよう祈る必要もある。

だが、最も重要なことがまだ残っている――きちんとアイデアを実現させ、豊富な経験があり、運までよかったとしても、アイデアが「ライトイット」でなければどうしようもないのだ。

料理長やスタッフが無能と判明したときには、クビにして代わりを雇うことはできる。初の宣伝キャンペーンが不発に終わったとしても、別のキャンペーンは打てる。だが、その店のもともとのコンセプトが「ロングイット」だった場合には、あなたはどうする？　人々の心を変える？　それは無理だ。

もしそのアイデアがロングイットだと、市場が判断するのなら、どれだけ適切な要素をかけ合わせても意味はない。「食べてみたい」と人々が思い、試してくれなければ、それで終わりなのだ。

自分のアイデアに市場がかかわろうとしてくれない場合、むりやりそうさせることはできない。できるだけあっさりいおう。**市場がなければ、道はないのだ。**

具体的で検証可能な仮説を立てろ

とはいえ、あなたの市場とは、どこの誰なのだろうか？　また、市場による「反応」とはどう定義し、判断するのだろうか？　こうした問いに対して、あなたは一点の曇りもなく答えられなければならない。

そんなときに強い味方になるのが「市場の反応に関する仮説（ＭＥＨ）」だ。ちなみに「ＭＥＨ」という略語は、私たちが興味のないときに使う「メー（meh）」という感嘆詞（その由来はテレビアニメ『ザ・シンプソンズ』のセリフ）とも重なる――そして、ほとんどの新しいアイデアに市場が示すのもまったく同じ反応なのだ。

「市場の反応に関する仮説（ＭＥＨ）」とは、想定する市場がどう反応するかについて、あなたの具体的な予想や仮定を確認するためのものだ。

この製品に相手は興味を示し、もっと知りたいと思うだろうか？　試したり、導入したり、買ったりしたいだろうか？　またその場合には、どれだけ頻繁にどう使うだろうか？　同じ製品を再び購入したり、友人に勧めたりするだろうか？　言い換えれば、**ＭＥＨとは、市場がそのアイデアにどう反応し、製品をどう使うかについての、あなたのビジョンを言葉にしたものなのだ。**

もしあなたのＭＥＨが誤っていると判明するようなら、あなたのビジョンはたんなる妄想か願望である可能性もある。その場合には、再検討や微調整をするか、別のアイデアに取り組んだほうがいいだろう。しかし、もしあなたのＭＥＨが正しかった場合には、「新製品失敗の法則」に対抗できる望みがあるということになる。

ＭＥＨは、明確なだけでなく、検証可能である必要がある。またできる限り多くの場所で具体的な数字を使うべきだ。しかし、あまり先を急ぎすぎないようにしよう。まずは「市場の反応に関する仮説（ＭＥＨ）」がどのようなものか、典型的な例をいくつか見てもらおう。その後、これらをどうすれば具体的で検証可能なものに改善できるかを説明していくことにする。では、はじめよう。

〈アイデア〉寿司を格安で売るフードトラック「チープ寿司」。ツナロールが九九セント！

〈MEH〉寿司好きの人間は多い。他のファストフードと同じくらい迅速・低価格で寿司を提供できれば、ハンバーガーやタコスといったあまりヘルシーでない食べ物よりもこちらを選ぶ人は多いだろう。

〈アイデア〉オンラインで注文できる食品雑貨の宅配サービス「ウェブバン（Webvan）」。

〈MEH〉もし食品や日用品をオンラインで購入できるのであれば、多くの世帯はスーパーに足を運ぶ代わりに、オンラインで済ませるようになるだろう。

〈アイデア〉マーベル社の漫画キャラクター「ハワード・ザ・ダック」の映画。

〈MEH〉ドナルドダックやダフィー・ダックの例もあるように、アヒルやカモのキャラクターを好きな人は多い。だから「ハワード・ザ・ダック」を主人公にした実写映画を制作すれば、大人気になるはずだ。

〈アイデア〉ネットフリックス（Netflix）の当初（動画配信サービス開始前）のビジネスモデルである、DVDの郵送レンタルサービス。

〈MEH〉もし、DVDの郵送レンタルサービスが月ぎめの定額料金で延滞料金なしで利用できれば、レンタルビデオ店ではなく、こちらに契約しようとする人は多いはずだ。

だいたいのイメージはつかめただろう。「市場の反応に関する仮説（MEH）」とは、あなたのアイデアの基本コンセプトを含んだ短い文章で、市場がそうしたコンセプトにどうかかわるかの予想も盛り込んだものだ。

「願望」「妄想」ではなく、「仮説」であれ

正直にいえば、このMEHの概念を開発しているとき、「仮説」という言葉の代わりに「願望」や「妄想」という言葉を使いたいという強い誘惑に襲われた（その場合は、「市場の反応に関する願望」や「市場の反応に関する妄想」と呼ぶことになる）。というのも、多くの場合、こうした言葉のほうが、自分のアイデアに対する市場の反応について、人々が「想像の世界」でどんなふうに思いを巡らせているかをはるかに端的に表現できそうだったからだ。次のような、願望と妄想が多分に混じった考え方をする人は珍しくない。

低脂肪&ヴィーガン（動物性食品不使用）の私の特製ケールクッキーは、職場でいつも大好評。

同僚たちはみな、「ビジネスにして売ればいいのに」と勧めてくれる。ホールフーズ・マーケットで働くご近所さんにも「こういう焼き菓子がないかって、お客さんにいつもたずねられる」と言われた。「一枚三ドルでも余裕で売れる」って！　だから、現在の仕事は辞めて、自宅に二重抵当をかけ、業務用の設備をそろえて、手伝ってくれる人を二、三人雇う予定。三か月もすれば、ケールクッキーで大儲《もう》けしてるはず！

とにかく新製品や新規事業のアイデアに関するかぎり、ほとんどの人はクスリなど使わなくても幻覚や妄想を抱ける。私自身、この手の妄想を抱いたことはこれまでに何度かある。問題は、こうした妄想がときには実現することだ。そして、予想していたとおりの市場が目の前に現れる。また、ごくまれにだが、その市場が誰も予想しなかったほど巨大で、需要も高いことがある。要するに、あなたの「市場の反応に関する仮説（MEH）」は正しかった――アイデアは「ライトイット」だった――と判明する場合もある。もちろん、まだ油断はできない。アイデアをきちんと実現する必要があるし、市場で成功するまでには数々の困難に遭遇するだろう。しかし、長い年月の間に、私はあることを学んだ。それは**「市場があれば、道はある」**ということだ。

もし、格安の寿司に対する需要が本当にあるのなら、「チープ寿司」は魚を安く仕入れる方法をなんとかして見つけ出し、ツナロールを九九セントで販売できるようにするはずだ。

「需要がある」という確かな証拠（たんなる希望や思い込みではないので注意）さえ得られれば、人はきわめてクリエイティブになれ、問題を解決できる場合が多い。

そのために、**市場の需要とはどのようなものかをはっきり定義し、そうした需要が実際に存在するかどうか確認する。それこそがＭＥＨの役割なのだ。**こうした仮説を設定することはきわめて重要で、「新製品失敗の法則」に打ち勝つための最初の一歩として絶対に欠かせない。

これでＭＥＨがどのようなものか、だいたいわかったはずだ。ではこれらをどのようにして切れ味の鋭いツールに変えるかを説明しよう。ポイントは、数字を使うことだ。

グーグルで身につけた「あいまいな思考」を「検証可能な仮説」に変える術

私がグーグル時代に身につけた習慣でとくに役立っているものの一つは、**あいまいな表現を避け、できるかぎり数字を使う**という考え方と、「データは意見より強し」という考え方と、そのデータを表現する最良の方法としての「数字にする」という考え方はセットだった。

たとえば、経験を積んだグーグル社員なら「この〈申し込み〉ボタンの横幅をもう少し広げたら、クリック率もちょっとは上がるんじゃないかな？」などとうっかり口走る代わりに、

「横幅をもう少し広げたら」と「クリック率もちょっとは上がる」を具体的な数字にする。そして、あいまいな思考を検証可能な仮説に変えるだろう。こんなふうにだ。

あいまいな意見　「この〈申し込み〉ボタンの横幅をもう少し広げたら、クリック率もちょっとは上がるんじゃないかな？」

検証可能な仮説　「この〈申し込み〉ボタンの横幅を二〇パーセント広げた場合、申し込み者は一〇パーセント増加する」

数字を使うことで、「あいまいな思考」は「具体的で検証可能な仮説」になる。この例の場合、当然考えられる実験は、ユーザーを二つのグループに分けることだろう。Aグループには従来の大きさのボタンを表示し、Bグループには横幅を二〇パーセント広げたボタンを表示する。そして、クリックした人の割合を二つのグループで比べるのだ。

テスト結果　私たちはA対Bのテストをおこなった（サンプル数：一〇〇〇ページビュー）。その結果、〈申し込み〉ボタンの横幅を二〇パーセント広げた場合（横のピクセル数を一〇〇ピクセルから一二〇ピクセルに増加）、申し込み者は一四パーセント増加した。

もしこうした結果が今後も数回続くようなら、このプロジェクトチームは「ボタンを大きくすれば、申し込み者は増加する」ことを示す説得力あるテスト結果――YOD（意見や憶測ではない自分自身のデータ）――を手に入れることになる。

意見と同じように、あいまいな思考は、「失敗」という怪物の大好物だ――つまり、あいまいな思考でいることは自分から「失敗」を招いているようなものなのだ。**自分の思考からあいまいさを排除したいとき、数字ほど効果的なツールはない**。それもありがたいことに、こうした数字は、当初は概算でかまわない。というより、そのときの状況が許す以上に細かいことにこだわるべきではない。だからこそ先ほどの例では、二〇パーセントや一〇パーセントといったきりのいい数字を当初の仮説で使っている。

この時点では、これまでの知識や経験にもとづいて推測しているにすぎない。だから、必要以上に細かい数字を使うのは早計で、思い上がった態度といえる（もちろん非常識でもある）――だからこそ、テストをおこなう。たとえば、その後も何回かテストを繰り返した結果、最も効果的な〈申し込み〉ボタンの横幅は一二四ピクセル（現行サイズよりも二四パーセント長い）で、そのサイズにすればクリック率は平均一三・八パーセント上がると学ぶかもしれない。

「数字にしよう」という言葉の意味はこういうことだ。では、これを先ほどの「市場の反応に関する仮説（MEH）」に当てはめて考えてみよう。

仮説をより明確にしてくれる公式「XYZ仮説」

「市場の反応に関する仮説（MEH）」はきわめて重要な最初のステップで、欠かせないツールだ。しかし、はさみやナイフと同じように、切れ味がイマイチの場合には、あまり役には立たない。MEHの切れ味を鋭くするには、別のツールで仮説を書き直してやればいい。そのツールが、ここから説明する「XYZ仮説」だ。

私がこのツールを開発したのは、スタンフォード大学でのオフィスアワーに困り切ったすえのことだった。どういうことかを説明しよう。

私はそのとき、工学部の学生数名のグループを相手に、「数字にしよう」の概念を、彼らのアイデア（ポータブル大気汚染モニター）のためのMEHに取り入れさせようとしていた。しかし学生たちは、自分が考える市場やその反応について、あいまいなことを繰り返すばかりだった。たとえば、こんな感じだ。

学生たちのMEH：大気汚染がひどい都市に住んでいる一部の人々は、大気汚染の度合いをモニターして身を守るのに役立つ、手ごろな値段の機器に興味を示すはずだ。

「一部の人々」とは何人のことなのか？　「大気汚染がひどい」都市と見なされる基準は何なのか？　「興味を示す」とは具体的にはどういうことか？　「手ごろな値段」とはいくらなのか？

私たちがいた部屋には、壁一面にホワイトボードが設置してあり、その前に使った学生たちが書き散らかした数式がそのままになっていた。私はそうした数式を見ながら、あるアイデアを思いついた。そして立ち上がるとマーカーをつかみ、ホワイトボードのところまで行ってこう書いた。

少なくともXパーセントのYはZする。

そのうえで私は説明した。「Xパーセントとは、君たちのターゲット市場の特定の割合を意味する。Yは、君たちのターゲット市場の具体的な説明だ。Zは、君たちがつくろうとしているものに市場がどう反応するかの予想を表す。高校時代、数学の時間に学んだ代数計算と同じで、X、Y、Zは未知の変数を表している。そして、現在の君たちのアイデアはまさしくその状態だ——君たちは、たくさんの未知の変数を扱っている。しかし、こうした未知の変数に自分なりにいちばん近いと思う値を当てはめて、当面の仮説の正しさを確認するための簡単なテストをいくつかおこない、必要に応じて調整することは可能だ」

学生たちはようやく笑顔になってうなずいた――彼らの言葉で私が説明したからだ。数回の試行錯誤の後、あいまいさは排除され、まっとうで検証可能な、数字を使った仮説ができあがった。

学生たちのＭＥＨ：大気汚染指数（ＡＱＩ）が一〇〇以上の都市に住む人の少なくとも一〇パーセントは、定価一二〇ドルのポータブル大気汚染モニターを購入するはずだ。

ここで一点注意してほしいのだが、**最初にＸ、Ｙ、Ｚに当てはめる値は、たんなる出発点にすぎない**。つまり、学生たちにとって、自分のアイデアが実行可能だと思える最小限の市場規模にもとづいた、いちばん妥当と思われる値である。

「その市場の一〇パーセント」とは、正しい予想なのだろうか？　ＡＱＩの値は一〇〇以上が妥当なのか？　一二〇ドルは最適な価格なのだろうか？　おそらく違うだろう。こうした当初の見積もりはまったく的外れだったと後から判明するかもしれない。しかし、少なくとも学生たちは、「一部の人々」「大気汚染がひどい」「興味を示す」「手ごろな値段」が自分たちにとってどういう意味かを定義でき、市場がその見方に賛同してくれるかをテストできるようにはなった。

テストできるというメリットだけでなく、**XYZ仮説は、チーム内の「暗黙の了解」を浮かび上がらせるためのツールとしても役立つ。**たとえば、ある学生にとって「手ごろな値段」とは二〇〇ドルかもしれないが、別の学生にとっては違うかもしれない。その学生は、そんな値段では市場の一〇パーセントには到達できないので、八〇ドルから一〇〇ドルの間ぐらいが妥当だろうと考えているかもしれない。

この二人の学生は、お互いの考えが食い違っているとは夢にも思っていない。だが「手ごろな値段」を数字にする必要があれば、意見の相違は表面化する。どちらが正しいのか？それはわからない――もしかしたら、どちらも正しくないかもしれない。どちらの値段であっても（または、どんな値段でも）、大気汚染モニターにはあまり需要がないということも十分ありえる。最終的には、「手ごろな値段」とはどういう意味かは市場が決める。しかし、さしあたり学生たちはお互いの見積もりの中間をとり、当初の価格を一二〇ドルにすることにした。

「XYZ仮説」は、あいまいな思考を排除するための特効薬になる。このフォーマットを使うことで、さまざまな意味にとれる不明瞭な表現（「一部の」、「ひどい」、「手ごろな価格」）を明確な表現に置き換えられる。また、「興味を示す」といった漠然とした考え方も、特定の価格（「一二〇ドル」）での特定の行動（「購入する」）で示せるようになる。

「XYZ仮説」使用前	「XYZ仮説」使用後
一部の人々	住人の少なくとも 10パーセント
大気汚染がひどい都市	大気汚染指数(AQI)が 100以上の都市
興味を示す	購入する
手ごろな値段	120ドル

こうした成功体験の後、私は思った。もしかしたら「XYZ仮説」フォーマットは重要なツールになるかもしれない。そこで学生の一人に頼んで記念写真を撮ってもらった。

そして現在、記念写真を撮っておいて本当によかったと思っている。予感は的中したからだ。「XYZ仮説」は私のツールキットには欠かせない定番アイテムになり、セミナーなどで真っ先に教える項目の一つになった。

事実、もし起業家や製品マネジャーを志す人を数分間だけ手伝うとしたら、私はその時間を、XYZ仮説を説明し、相手がこのフォーマットで自らのアイデアを表現できるようにするために使うだろう――XYZ仮説フォーマットは常に、アイデアを明確にし、チームメンバー間の誤解や意見の相違を浮かび上がらせるのに役立っている。

「XYZ仮説」はこう使え

「市場の反応に関する仮説（MEH）」と「XYZ仮説」はきわめて重要なので、しつこいようだがおさらいしておこう。あいまいなMEHを明確にするために「XYZ仮説」のフォーマットをどう活用できるか、いくつか例を挙げておく。これらの例はすべて、私の講演やコーチングセッション、ブレインストーミング訓練の際に生まれたものだ。

なお、これらはただの説明用のための例であり、それ以外の意味はいっさいない。だからアイデアの内容や良し悪しにではなく、それがどう「XYZ仮説」のフォーマットで表現されているかに注目してほしい。もちろん、こうしたアイデアのいくつかが現実のものになったことも承知している。

〈アイデア〉洗濯物の集配をしてくれるウーバーのようなサービス。

［あいまいなMEH］ コインランドリーで洗濯をしている人のほとんどは、その時間をきわめて苦痛に感じている。だから、数ドル余計に払っても、洗濯物を取りに来て、洗濯・乾燥し、それなりの期間内に届けてくれるサービスを利用するだろう。

［XYZ仮説］コインランドリーで洗濯をする人の少なくとも一〇パーセントは、洗濯物を取りに来て、二四時間以内に洗って返してくれるサービスを五ドル払って利用するだろう。

〈アイデア〉エアコンがない車のための、角氷を利用したポータブル冷風機。

［あいまいなMEH］エアコンがない（または故障している）車を運転している人は、懐に余裕がなければ、角氷を使用する安物の代用品を買うだろう。

［XYZ仮説］エアコンがない（または故障している）車を運転している人の少なくとも五パーセントは、平均気温が摂氏三七度を超えるようになれば、安物の代用品を二〇ドルで買うだろう。

〈アイデア〉犬用のビール。

［あいまいなMEH］犬を飼う人のほとんどは、ひとりぼっちで酒を飲みたいとは思っていない。犬が飲んでも大丈夫なビールを購入し、愛犬とともに酒を楽しみたい人は多いだろう。

［XYZ仮説］犬を飼う人の少なくとも一五パーセントは、ドッグフードを買い求める際、犬用ビールの六缶パックも四ドルで購入するだろう。

〈アイデア〉無敵リスを描いたアメコミ「スーパーリス」のコレクターズ・エディション本。

【あいまいなMEH】「スーパーリス」のファンなら、お気に入りの動物スーパーヒーローを特集した限定版の豪華本が発行されれば狂喜乱舞するはずだ。

【XYZ仮説】「スーパーリス」のコミック購読者二二万人のうち少なくとも五〇パーセントは、コレクターズ・エディション本を一〇〇ドルで買うだろう。

こうした例はばかげているように思えるかもしれない。しかしXYZ仮説は、しごくまじめで強力なツールだ。そのうえ、次に紹介する思考ツールと組み合わせればさらに効力が増す。その思考ツールが「超ズームイン」だ。

「超ズームイン」を使っていますぐ検証可能な仮説をつくれ

「超ズームイン」の目標は、具体的ではあるが広範囲な仮説の焦点を絞り込み、いますぐ行動できる、検証可能なバージョンが得られるようにすることだ。これは、XYZ仮説からxyz仮説に移行する手段でもある。**「xyz仮説」とは、あなたの「市場の反応に関する仮説（MEH）」をやや小規模でシンプルにし、いますぐ検証できるようにしたものだ。**これは、「もしXYZ仮説が正しい場合には、xyz仮説も正しくなるはずだ」という考えにもとづいている。しかし、xyz仮説は、テストの実施も結果確認もはるかに簡単におこなえなければならない。

先ほどの大気汚染モニターの例で説明してみよう。学生たちが立てたＸＹＺ仮説は次のようだった。

［ＸＹＺ仮説］

大気汚染指数（ＡＱＩ）が一〇〇以上の都市に住む人の少なくとも一〇パーセントは、定価一二〇ドルのポータブル大気汚染モニターを購入するはずだ。

これは、よく練られた、数字を使った「市場の反応に関する仮説」だ。しかし、この仮説の対象範囲は非常に幅広い。世界各地の大気汚染が深刻な都市に暮らす、何百万もの人々すべてが当てはまるからだ。このままでは、出発点としては規模が大きすぎる。少なくとも当面はテストすることは不可能であり、中間試験を目前に控えた二、三人の学部生が大した予算もなしに対応できるものではない。こんなとき、「超ズームイン」が役立ってくれる。

「超ズームイン」は大胆に

「ＸＹＺ仮説」で使われている大文字の「Ｙ」は、あなたの最終的なターゲット市場を表す

――つまり、あなたの製品が発売されたら、それを買いたいと思うだろうすべての人々だ。「超ズームイン」をおこなうには、そうした巨大な潜在市場の対象範囲を狭め、小規模でローカルだが、最終的なターゲット市場と同じ性質を備えた一部分の検証結果が得られるようにする。

簡単にいえば、Y（ターゲット市場全体）からy（当初のテストをおこなうための、身近で小規模な、対応可能な市場）に移行してほしいのだ。テレビや映画で、こんなシーンを見たことはないだろうか？　宇宙に浮かぶ青い地球。カメラはどんどん近づいていき、ある大陸が大写しになり、ある国、ある都市、ある建物へと進んでいく。これとまさに同じことを、心のカメラのファインダーで自分の仮説に対しておこなってほしいのだ。

この「超ズームイン」をおこなうときはぜひ大胆になろう。しかし、あまりにもズームインしすぎて、統計学的に意味があるサンプルが得られないのでは元も子もない（たとえば、あなたのルームメイト二人とあなたのお母さん、向かいに住む変人男性の計四人を対象にテストをおこなうのは、妥当なサンプルサイズではないかもしれない）。

では、妥当なサンプル数とはどれくらいか？　おそらく一〇〇人から一〇〇〇人ほどいれば、大半の統計学者からはお許しが出るはずだ。ただし、そのサンプルは、私たちのターゲット市場（あなたの製品やサービスを実際に購入してくれそうな人々）を表す典型的なものになるように十分注意しよう。

たとえば、米国の人口約三億二八〇〇万人のなかから一〇〇人をランダムに選ぶのは、新しい種類のピザに関する仮説をテストするためのサンプルサイズとしては妥当かもしれない。たいがいの人はピザが好きで、買う余裕もあるだろうからだ。しかし、定価一二万ドルの二人乗りの電気自動車（たとえばテスラの初代ロードスター）を販売したい場合、ランダムに選んだ一〇〇人を対象にテストしても必要なデータは得られない。ほとんどの人は、そうした車を買えるような余裕はないか、あっても買おうとは思わないからだ。こうした場合のテストでは、ターゲット市場にフォーカスする必要がある。たとえば、若くてテクノロジーに詳しい企業経営者といった具合にだ。

では、先ほどの大気汚染モニターの例に戻って、「超ズームイン」をしてみよう。大気汚染の問題を抱えた都市は、世界に多くある。しかし、このポータブル大気汚染モニターのアイデアを思いついた学生たちは、みな中国の北京出身だった。北京は、世界で最も大気汚染が深刻な都市として知られている。だから、彼らにとって、ズームインの第一段階は明白だった。全世界から北京へとズームインするのだ。

［xyz仮説］
Y＝大気汚染指数（AQI）が一〇〇以上である世界中の都市
y＝中国の北京

第一歩としては悪くない。だが北京は、人口二〇〇〇万人をこえる巨大な都市だ。さらにズームインする必要がある。チームは二、三分相談し、幼い子どもがいる親たちは理想的なターゲット市場になるかもしれないと考えた。

チームメンバーの一人が、自分の姉の子どもが「北京子どもアカデミー」に通っていることを思い出した。そこは北京にある、バイリンガル教育をおこなっている私立幼稚園で、三〇〇人ほどの児童が在籍している。その姉に頼めば、今度の保護者会で製品を紹介し、興味がある保護者がどれくらい大勢いるかたずねてくれるだろう、と言う。そいつはいい！

テスト対象は、全世界から児童数三〇〇人の特定の幼稚園にまで絞られた。

Y＝大気汚染指数（AQI）が一〇〇以上である世界中の都市

y＝「北京子どもアカデミー」に子どもを通わせる親

また、ズームインした先が中国になったので、使用通貨も米ドルから中国元に変更することにした。そして、次のようなｘｙｚ仮説ができあがった。

［ｘｙｚ仮説］

「北京子どもアカデミー」に子どもを通わせる親の少なくとも一〇パーセントは、定価

八〇〇元のポータブル大気汚染モニターを購入するはずだ。

「完成した製品がない」のに市場で売れるか検証できる「最強のツール」

すばらしい進歩だ。これでターゲット市場に属する小集団のうちで、簡単にアクセスできる集団を対象にした、数字を使った仮説が手に入った。しかし、まだ大きな問題が残っている。まだ製品はできあがっていないのだ！

いまのところ、彼らのポータブル大気汚染モニターはまだ実現していない、「想像の世界」から一歩も出ていないアイデアにすぎない。こうした製品を設計・開発・製造するには、少なくとも一年の期間と多額の資金を要するはずだ。一回限りのプロトタイプを製作するのでさえ、かなりの費用と月日がかかる。つまり彼らは「ニワトリが先か、卵が先か」という問題にはまり込んだともいえる。

自分の「市場の反応に関する仮説（ＭＥＨ）」を検証し、その製品アイデアが「ライトイット」であることを確認してからでないと、その製品をつくるために多くの時間や費用をかけることはできない。しかし、こうした仮説を検証するためには、完成した製品が必要なのだ。違うだろうか？

自分の新製品のアイデアが市場で成功するかどうかを一〇〇パーセント確実に知ろうと思うのなら、製品化して量産し、それなりの宣伝キャンペーンを打ったうえで販売してみるしかない。つまり、希望的観測にもとづいて賭けに出るということだ。映画『フィールド・オブ・ドリームス』式といってもいい。

そのうえ、このアプローチを使って、あるアイデアが「ライトイット」かどうかを知ろうとすると、非常に費用がかかるうえ、リスクも高い――とりわけ私たちは、ほとんどのアイデアは市場で失敗すると知ってしまっている。しかし、他に選択肢はあるのだろうか？

「想像の世界」にもとづいた、意見中心の市場調査はあてにならない――あまりにも多くの「誤検出」や「検出漏れ」を生じる――と学んだばかりではないか？

私たちには、意見ではなくデータが必要だ。しかしＯＰＤは信頼できず、ＹＯＤを収集すべきだとも学んだ。それはわかるが、まだ製品をつくってもいないのに、どうすればＹＯＤを収集できるのだろう？

そんなときにこそ、「プレトタイピング」を活用するのだ。

Chapter 5

「そもそもが間違っていないか」を早めに検証せよ

あなたのアイデアが成功するかどうかを検証する最強のツール
「プレトタイピング」

「プレトタイピング」――それは、私がつくった造語だ。

なぜこの造語をつくったのか。なぜこの新しい言葉が必要で、それが「ライトイット」とどう関係がするのか。それを理解してもらうために、そもそものきっかけとなった事例を紹介しよう。

ターゲットが「本当に買ってくれるのか」試したかったIBM

この事例を最初に聞いたのは数年前で、あるソフトウェア関係の集まりに参加したときだった。

数十年前、インターネットの時代が到来するはるか前の、個人がパソコンを使うことさえ珍しかったころ、IBMはおもに大型汎用コンピュータとタイプライターの会社として知られていた。当時、文字をタイプすることは、ごく限られた人々――秘書や作家、一部のコンピュータ・プログラマーなど――だけが上手にできる専門技能と見なされていた。普通の人は一本指でしかタイプできなかったため、会社にはプロのタイピストが欠かせなかった。

タイピストの給料は比較的高く、もちろん人間なのでトイレ休憩もとる。そのうえ、たまにベーグルやコーヒーを差し入れするなどして、やる気を維持してもらえるよう配慮する必要もあった。

ＩＢＭは、コンピュータ・テクノロジーおよびタイプライター市場のリーディングカンパニーとして君臨し、音声認識技術を開発するにはうってつけの地位にいた。そのような技術が完成すれば、(キーボードで入力しなくても)マイクに向かって話すだけで、自分の言葉や命令を魔法のように画面に表示できる。プロのタイピストに依存する度合いを徐々に減らし、最終的にはその代わりになる技術を開発できれば、ＩＢＭは大儲けできる可能性がある――もしそうしたアイデアをうまく実現でき、対象ユーザーにも受け入れてもらえればだ。

「想像の世界」では、誰もが――おそらくプロのタイピストは別として――そのアイデアを気に入った。コンピュータを利用したい人は大勢いたが、タイピングを習いたい人は誰もいなかったからだ。

そのうえ、人間が話す言葉を理解するコンピュータというのは、空飛ぶ車と同じくらい

「未来の技術」という感じもした。しかし、何十年もの期間と莫大な金がかかる技術開発プロジェクトだ。ゴーサインを出す前に、ターゲット市場であるビジネスマンたちに本当に歓迎してもらえるかを同社は確認したかった。それもできれば、ただの「想像の世界」の反応ではなく、現実の世界での反応を。

そうなると、その技術を実際に試し、どんなふうに機能して何ができるのかを知ってもらう必要がある。いちばんいいのはプロトタイプ版を試してもらうことだ。しかし、一つ大きな問題があった。

ＩＢＭが膨大な時間とお金をムダにせずに済んだ「画期的な実験手法」

当時のコンピュータは、現在よりもはるかに非力なうえに高価だった。音声認識をおこなうためには大量の処理能力が必要になる。つまり、プロトタイプ版をつくって試してもらうことは当時のコンピュータにはほぼ不可能なことだったのだ。

かりに、それなりの処理能力が備わっていたとしても、人間の話し言葉を認識してテキストに変換することは、きわめて高度な技術的課題だった。これは、現在でこそようやくまともに取り組めるようになってきた技術で、当時のＩＢＭがそれなりのプロトタイプをつくれるようになるまでには、その後何十年もかかることになる。

それでも当時、ターゲット市場についての重要な仮説を検証するためには、何かしらの製品が要る。この問題を解決するために、同社の研究者たちはすばらしい手法を思いついた。

まず、コンピュータが入った箱とモニター、マイクを用意する。キーボードは必要ない。そして、システムを買ってくれそうな人たちに、音声認識をおこなう画期的なシステムのプロトタイプができたと声をかける。「基本的な使い方をご説明するので、この新技術をお試しになりませんか？」

集まった人々は半信半疑ながら目を輝かせ、マイクを手に取って話しはじめる。「新しい手紙を一通、書き取りせよ。拝啓　ジョーンズ様、○月×日付でいただいたお手紙について、ご回答いたします……」すると数秒後、そのとおりの文面がモニターに表示される。

このシステムを体験した人々は、こう思った。なんてすばらしい技術だ。こんな夢のような話があっていいのだろうか、と。――残念ながら、こんな夢のような話はなかった。

この実験の非常に利口な点は、じつは音声認識システムなどは存在せず、プロトタイプすらなかったということだ。部屋に置かれたボックス型コンピュータも、たんなる見せかけだった。

隣の部屋には、経験を積んだタイピストが控えており、ユーザーがマイクに語りかけた言葉や命令をキーボードでコンピュータに入力するしくみになっていた。つまり、従来と何も変わらない。しかし、タイピストが入力した内容はユーザーの画面に表示されるため、ユーザーには音声認識システムが機能しているように見える。

IBMは、この実験から多くを学んだ。当初、（「想像の世界」で）この「技術」に感銘を受け、音声認識コンピュータをぜひ購入して活用したいと言っていた人の多くは、数時間ほど試した後には、その言葉を取り消していた。

この実験では人間のタイピストを起用することで、ほぼ完璧なテキストをすばやく表示していたが、そうした環境でさえ、数行分以上のテキストを音声入力することは、あまりにも大変で問題も多いことが判明したからだ。

のどはガラガラになるうえ、みなが話しているので職場はうるさくてしかたがない。そのうえ機密文書を作成するのにも向いていなかった。「経理部のボブを解雇しなければ」といった内容を音声入力している最中に、たまたまボブが通りかかったらどうなることか。

多くの人が陥る「高価で危険な」負のスパイラル

IBMのアプローチはきわめて独創的だ。しかし、これを何と呼べばいいのだろう？　タイピストを起用した音声認識システムというのは、通常の意味でのプロトタイプとは少し違う気がする。

IBMは、音声認識システムのプロトタイプをつくったわけではなかった。あくまでもプロトタイプがある〝ふり〟をしただけなのだ。

だが、そうする必要はあった。というのも、マイクの向こう側で音声認識をしている相手が、コンピュータではなく人間だと知れば（または、そう疑えば）、ユーザーの反応はまったく違ってくるだろうからだ。そうなると、結果にもそれが反映されてしまう。

この話を最初に聞いたとき、私は大きな衝撃を受けた。すぐに言葉が出なかったくらいだ。まず思ったのが「どうして誰も、これまで教えてくれなかったんだ⁉」ということだった。

ほとんどの人と同じように私も、プロジェクトや製品に何年も時間を費やしたあげく、それがもともと「ロングイット（そもそもを間違えたもの）」だったと判明する、といった経験を何度も味わっていたからだ。

もちろん最初に、何かしらのプロトタイプをつくりはした。だが、こうしたプロトタイプをつくる主な目的は、その製品をつくることは可能なのか、つくれる場合はどのようにかを検討するためで、「それをつくれば、市場で受け入れられる」という展開を前提にしていた。

こうしたプロトタイプを製作するだけで、何か月もの時間と何百万ドルもの費用をかけることも少なくなかった。

そのうえ、いったんこれだけの時間と費用をかけてしまうと、途中で打ち切るという選択はかなり難しくなる——たとえ、実際の市場での反応が否定的だったとしてもだ。そのため、多くの場合はそのままがんばり続け、新機能を追加したり、バグを改善したりしながら、状況が何とか好転しないかと願うことになる。つまり、高価で危険な負のスパイラルだ。

「プロトタイピング」と「プレトタイピング」は何が違うのか

私はエンジニアなので、新しい技術のプロトタイプというと、不格好で配線も飛び出たままのような、未完成バージョンのようなものを思い浮かべる。IBMがおこなった実験は一般的なプロトタイプの概念とかなり異なるように私には思えたので、独自の名前があったほうがいいような気がした。

最初に浮かんだ言葉は「プリテンドタイピング（「タイプする／ふりをする」という意味）」だった。悪くないかもしれない。IBMの開発チームが、まともなプロトタイプをつくれるのは何年もかかり、まるでその製品が目の前にあるふりをしただけだったからだ。

ただし、イメージは伝わるものの、「プリテンドタイピング」は話し言葉としても書き言葉としてもいま一つ座りがよくなかった。そこで、もう少しシンプルにして「プレトタイピング」と呼ぶことにした。この言葉はなかなかよさそうだった。というのも、「プレ」という接頭語には、何かよりも先にくる、という意味があるからだ。今回の場合、「プレトタイピング」は「プロトタイピング」よりも前の工程で、名詞形の「プレトタイプ」は「プロトタイプ」よりも前につくられるものを意味する。**つまり、プレトタイピングという言葉は、「先行する」と「ふりをする」という二つの重要な要素を組み合わせているのだ。**

その後、私はあることを学んだ（おもに、攻撃的なツイートやソーシャルメディア上の批判的なコメントを通してだ）。「プレトタイプ」という言葉を毛嫌いする人がわずかながらいるということをだ。そうした人々はこう主張する。すでにあらゆる基本的要素は「プロトタイプ」という言葉に含まれている。新しい言葉をつくる必要などない。彼らの前提には私も賛成だが、結論には反対だ。確かに「プロトタイプ」という言葉はすべての要素を兼ね備えている――しかし、それこそが問題なのだ！　あまりにも汎用性が高いので、どんな意味にも使える。

現在、「プロトタイプ」と呼ばれるものには、輪ゴムと紙クリップを使った材料費五セントの細工から、五〇〇万ドルを投じた一回限りの試作品までが含まれている。プロトタイプという言葉で説明される規模もさまざまで、五分間の実験の場合もあれば、何百人もがかかわる五年がかりのプロジェクトの場合もある。

そのうえ、「プロトタイプ」と「プレトタイプ」では果たす役割も異なっている。プロトタイプを使って検証するのはおもに、ある製品やサービスのアイデアが実現可能かどうか、つくる場合にはどうつくるべきか、どのように（また、本当に）機能するのか、どんな形やサイズにするのが最適か、といったことだ。

一方、**プレトタイプをつくるのはおもに、そのアイデアをそもそも手がけ、製品化すべきかどうかをすぐさま低コストで確かめるためだ。**

要するに、この二つは用途が異なっているため、おのおのに向いた手法を使うほうが目的を達成しやすい。事実、これ以降は、「プレトタイプ」という言葉を使うだけでなく、さまざまなプレトタイプを独自の名前をつけたうえで紹介している。

大きな川を渡るときと、ちょっとしたせせらぎを渡るときには、準備も心構えも違うはずだ。同じように、プロトタイプの場合には六か月の期間と三〇万ドルの予算をかけることはそれほど珍しくはないが、プレトタイプの場合には完全にイレギュラーなケースになる。というのは、おいおいおわかりいただけるだろうが、「プレトタイプ」という言葉によってイメージされるのは、期間にすれば数時間（または、最長でも数日間）単位のもので、予算もせいぜい数百ドル程度だからだ。

山のように集まったそもそもが間違いだった失敗例

二〇〇九年、私がまだグーグルで働いていたころ、「プレトタイピング」や「プレトタイプ」について、エンジニアリング部門や製品マネジメント部門で働く同僚たちに、徐々に説明するようになった。

驚いたことに、話をした同僚のほぼ全員が、そうしたアプローチに興味を示しただけでなく、ほとんどのプロジェクトに適用でき、「ロングイット」に投資する危険を回避するためにもきわめて有用かもしれないと思ってくれた。実際、ＩＢＭの音声認識システムの事例を聞いたとき、次のような感想をもらした人も少なくなかった。

「この間の失敗したプロジェクトで、似たようなことをすればよかった。そうすれば時間と費用のムダを最小限にとどめられ、あれほど恥ずかしい思いをせずに済んだのに」

他にもプレトタイピングの事例がないか探してみよう、と私はそのとき決心した。

特定のものを意識するようになると、それと同じ種類のものをやたら目にするようになる、というのはよく知られた現象だ。「プレトタイピング」という言葉を思いついて以来、私は関連のありそうな逸話や手法に気づくようになった。そうした事例や手法は、ＩＢＭの事例と同じように、プレトタイピングと見なせそうだった。

私はIBMの音声認識システムの他にプレトタイプの事例を探しながら、きわめて有望だと見られていたにもかかわらず市場で失敗した新製品の事例を調査・収集するようにもなった。ある程度集まったところで、アイデアの実現方法がまずかったために失敗した可能性があるものを取り除き、実現方法に問題がなかったものだけが残るようにした。

これらのアイデアが市場で失敗（FLOP）したのは、市場への参入方法（Launch）や機能（Operations）に難があったからではない。**アイデアのコンセプト（Premise）自体が間違っていた――「ロングイット（そもそもを間違った）」だった――からなのだ。**

こうした失敗は、最もよくあるだけでなく、いちばんつらくて被害も大きい。いいものをつくろうとがんばったのに、つくってもしかたないものだったと後から判明する。もう最悪だ。

集めた失敗の事例には私自身のものや、友人や同僚のものも含まれている。また、ビジネス関連の記事やニュースを通じて知ったものもある（市場での失敗について調査する際にありがたいのは、事例はいくらでもあるということだ）。

こうした調査の結果、私の手元には、プレトタイピングの手法がいくつかと、「ロングイット」のアイデアによる失敗の事例が山のように集まった。

失敗のほとんどはプレトタイピングで「避けられた」!?

私はこうしたプレトタイピングの手法と「ロングイット」のアイデアによる失敗を一つずつ検討しているうちに、あることに気がついた。これらの失敗は、プレトタイピングをすれば避けられたのではないだろうか、ということだ。何かしらのプレトタイピングをしていたら、製品のコンセプトが間違っていた（つまり、「ロングイット」の製品だった）、と深入りしすぎる前に知ることはできたはずだ。

もちろん、どんなアプローチやツールを使おうが、一〇〇パーセントの保証を得ることはできない。しかし、適切に使えば、**プレトタイピングツールは、あるアイデアが「ライトイット」か「ロングイット」かを見きわめる際、「想像の世界」のどんな市場調査よりも、すばやく確実にヒントを提供してくれる。**

そんなうまい話があるものか、と思うかもしれない。気持ちはわかる。私も最初そう思ったからだ。私はもともと簡単にはものを信じない人間だ。しかし、こうしたツールや手法を数年間使用し、人にも伝え、教えた後、私はその効果を確信した。私の経験もひいき目にいっても「OPD（他人のデータ）」だ。だから、「私を信じるな。検証しよう！」といっておく。プレトタイピングの論理と威力を理解するための一番の方法は、自分で使ってみることだ。さあ、YOD（あなた自身のデータ）を手に入れてみよう。

ここからは、さまざまなプレトタイピングの手法を紹介していく。こうした手法は、単独でも組み合わせても使え、価値あるYODを収集できる。また、新製品のアイデアを検証するのであれば、どんな製品に対しても活用できる。これまでに新製品の開発や企画にたずさわったことがあり、製品が「ライトイット」でなかったために市場で失敗した、という人の場合、「これを使えていたら……」と思うような手法がいくつか見つかるかもしれない。

プレトタイピングの手法①
「メカニカル・ターク（機械じかけのトルコ人）」型

「メカニカル・ターク（機械じかけのトルコ人）」型のプレトタイプは、一八世紀後半に国際的に評判になったチェス指しマシンにその名をちなんでいる。人々はその「トルコ人」は、チェスを指せるように設計された機械じかけの自動人形《オートマトン》だと思わされていた。しかし、じつは小柄なチェスの名人が内部にひそみ、人形を操っていたのだった。

「メカニカル・ターク」型のプレトタイプは、対象となる技術が高価だったり、複雑だったり、未完成だったりするときで、その技術がおこなうはずの機能を人間がひそかにおこなうことで代替できる場合にぴったりだ。

どこかで聞いたことがある？　そのはずだ。この章の冒頭で紹介したＩＢＭの音声認識システムの実験は、「メカニカル・ターク」型のプレトタイプのすばらしい活用例だからだ。実験に使えるレベルの音声認識システムを本当に開発しようとすれば、長い年月と巨額の投資が必要になる。しかし、「機械じかけのトルコ人」の内部にチェス名人がひそんでいたのと同じように、人間のタイピストを隣の部屋にひそませれば、同様の機能をユーザーに提供でき、必要なＹＯＤを収集できる。

もう一つ、「メカニカル・ターク」型のプレトタイプの活用例を紹介しよう。

この例は私が考えた架空のアイデア「Ｆｏｌｄ４Ｕ（フォールド・フォー・ユー）」を、イヴァンとアンジェラがプレトタイピングを使い、ロングイットかライトイットかを検証していくという、ストーリー仕立てでお送りすることにしよう。


〈例〉Ｆｏｌｄ４Ｕ（フォールド・フォー・ユー）

ほとんどのコインランドリーには、洗濯物を洗う機械と乾かす機械がある。しかし、乾燥機のサイクルが終了した後は、ごちゃまぜになった洗濯物の山をまず種類別に分けたうえで、一枚ずつたたみ、積み重ねなければならない。もし、洗濯物をたたんで積み重ねてくれる機械があって、洗濯の最後の段階をまかせられたら楽じゃないだろうか？

発明家のイヴァンは、そうした機械をつくれる自信があった。それをコインランドリーにレンタルし、月ぎめの基本料金と一回ごとの使用料を払ってもらうようにすれば、大儲けできるはずだ。

五万ドルの資金と六か月の期間があれば、そうした機械をつくれることを立証するためのプロトタイプがつくれる。ただし、イヴァンにはそんな金はなかった。というのも、前回の発明品である「犬の散歩ロボット」が期待したほど売れなかったからだ。そこで友人でエンジェル投資家でもあるアンジェラに、自分の新会社「Ｆｏｌｄ４Ｕ」の株式の二五パーセントを五万ドルで取得しないかと持ちかけた。

アンジェラは、イヴァンの技術力には全幅の信頼を置いている。イヴァンがつくれると言うのなら、全自動の衣類折りたたみ機だってつくれるはずだ。しかしイヴァンのビジネスモデルと財務予測は、そこまで信頼してはいなかった。イヴァンの計画は、コインランドリー利用者の大部分が、二ドルから三ドル余分に払っても洗濯物をたたんで積み重ねてもらいたいと思うだろう、という仮定にもとづいていた。

アンジェラがイヴァンの「市場の反応に関する仮説（ＭＥＨ）」について問いただすと、イヴァンは自己防衛的になった。「ただの空論じゃないんだ、アンジー。市場調査もやった。

コインランドリーのお客さん六三二人に、その人が洗濯物をたたんでいるときにインタビューしたんだ。そのうち四二一人が言っていた。洗濯物をたたむのは大嫌いで、機械が代わりにやってくれるなら、喜んで二、三ドル余分に払うってね」

「犬の散歩ロボットのときにも、似たような調査をやってなかった？」アンジェラはたずねた。

イヴァンの顔はみるみる赤くなった。「アンジー、もしFold4Uに投資したくないのなら、そう言ってくれればいい。わざわざ侮辱する必要はないだろう？　たしかに犬の散歩ロボットは失敗だった。例のプードルとの事故もあったしね。しかし、今回のアイデアはそれよりずっとすぐれていて、リスクも少ない。それに業種もまったく違う」

「イヴァン、興味はあるのよ」アンジェラは答えた。「すごく興味はあるわ。正直、Fold4Uには間違いなくポテンシャルがあると思う。でも、プロトタイプをつくるための資金として五万ドルを提供するには、そのサービスにお金を出すと言ったコインランドリー利用者たちが全員、本当にお金を払うという、もっと確実な証拠が必要なの。その人たちがその機械に自分の洗濯物を入れて、お金を払うところが見たいのよ」

「だからこそ、プロトタイプをつくる金が要るんだよ、アンジー。機械がなければ、お金を払ってもらえるかテストできないだろ？」

アンジェラは、イヴァンにIBMの音声認識システムの話をした。彼女が話し終わっても、イヴァンの顔は真っ赤だった。しかし、それは別の理由からだった。彼のいら立ちは興奮に変わっていた。「なんて利口な連中なんだ。どうしていままで聞いたことがなかったんだろう。そのプレトタイピングってのは、Ｆｏｌｄ４Ｕのテストに使えそうだ」

イヴァンとアンジェラはしばらく相談したのち、次のようなＸＹＺ仮説を設定した。

［ＸＹＺ仮説］
コインランドリー利用者の少なくとも五〇パーセントは、洗濯物をたたんでもらうために、洗濯一回分につき二ドルから四ドル（価格は場所によって異なる）を支払う。

その後、「超ズームイン」をおこなって、次のようなｘｙｚ仮説を検証することにした。

［ＸＹＺ仮説］
レニーズ・コインランドリーの利用者の少なくとも五〇パーセントは、「Ｆｏｌｄ４Ｕ」に洗濯物をたたんでもらうために二ドル支払う。

ここからが楽しいところだ。イヴァンはレニー（近所にあるコインランドリーの店主）に面会を求め、自分のアイデアを説明して、二〇〇ドル払うからプレトタイピング用の実験を店でおこなわせてくれないかと頼んだ。レニーは取引に応じただけでなく、そのアイデアにイヴァンと同じくらい興奮し、実験の準備と実施を手伝ってくれることになった。そのうえ、実験に使うのにもってこいの、壊れた旧式のタンブラー乾燥機まで提供してくれた。

イヴァンはその壊れた乾燥機のタンブラー部分に細工をし、後ろからアクセスできる隠し扉を設置した。こうすれば、人々が洗濯物を入れてお金を払った後、イヴァンが後ろの隠し扉を開けて洗濯物を取り出し、手でたたんでから、元の場所に戻しておける。さらに本物のように見せるため、イヴァンは機械音を録音したものを用意し、洗濯物を手でたたんでいる間、装置内から聞こえてくるようにした。また「たたむ」のサイクルが終了するときには、装置のなかで真鍮《しんちゅう》製の鐘を手で鳴らし、洗濯物がたたみ終わったとわかるようにした。

このプレトタイプは非常にうまく機能し、誰にもまったく疑われなかった。試した人はみな、自分の洗濯物は機械によってたたまれているのだと信じ込んでいた。しかし、問題がなかったわけではない。レニーズ・コインランドリーの利用者のほとんどは、新しい装置に興味津々という様子だったものの、実際に試した人はあまりいなかった。そのうえ、試した人に声をかけてみると、好奇心から試しただけだと認める人が多かった。第一回のプレトタイピング実験の結果は、予想よりかなり低調だった。

xyz仮説：レニーズ・コインランドリーの利用者の少なくとも五〇パーセントは、

「Ｆｏｌｄ４Ｕ」に洗濯物をたたんでもらうために二ドル支払う。

ＹＯＤ：レニーズ・コインランドリーの利用者の一二パーセントが、「Ｆｏｌｄ４Ｕ」に洗濯物をたたんでもらうために二ドル支払った。

念のため、イヴァンはそれから二週間、同様の実験をさまざまなコインランドリーで値段設定を変えながらおこなった。しかし残念ながら、結果はあまり変わらなかった。価格を一ドルにしてさえだ。

「想像の世界」の調査では、そうしたサービスに二ドルから四ドルほど払うと人々は答えていた（し、おそらく信じていた）。しかし、実際に（装置にお金を入れるというかたちで）「身銭を切る」段になると、その言葉どおりに行動した人はわずかだった。

これはつまり、Ｆｏｌｄ４Ｕには成功する見込みがない、ということなのだろうか？　必ずしもそうとは限らない。しかし、イヴァンの計画とビジネスモデルは、コインランドリー利用者の半数以上が装置を利用するためにお金を払うことを想定していた。アンジェラのような投資家を説得したいのなら、そうした想定の大部分を見直さなければならないだろう。

Ｆｏｌｄ４Ｕが「ライトイット」ではなさそうだとわかり、イヴァンはがっかりしたかもしれない。しかし、ほっとしてもいるだろう。というのも、犬の散歩ロボットのときとは違い、そのことを悟るために二年の歳月と莫大な支出をかける必要はなかったからだ。

洗濯物自動たたみ機つきコインランドリーは成功するのか!?

そろそろ失敗の話だけじゃなく、ハッピーエンドの話も聞かせてほしい——そう思っている人もいるかもしれない。イヴァンが再び(犬の散歩ロボットのときのように)事業に失敗するのを未然に防げたのはハッピーエンドだと私は思うが、いいたいことはわかる。つまり、ハリウッド映画に出てくるような「まっとうな」ハッピーエンドだろう? オーケー、わかった。では、こんなのはどうだろう?

レニーズ・コインランドリーで、Ｆｏｌｄ４Ｕは大ヒットとなった。利用者のほとんどが新たな装置に興味を示しただけでなく、利用するために並んで待つほどだったのだ。サイクルが終了し、きれいにたたまれた洗濯物が姿を現すたび、人々は感嘆した。誰もがその装置を見たがり、使いたがった。しかしいうまでもないが、洗濯物をたたんでいたのは機械ではない。気の毒なイヴァンだった。

翌日、洗濯物のたたみすぎで腕が上がらないイヴァンは、実験を終了した。彼はそのプレトタイプに「故障」の貼り紙をし、アンジェラに会いに行った。今回は「想像の世界」での調査結果ではなく、出たばかりのYOD（自分自身のデータ）を見せることができた。

xyz仮説：レニーズ・コインランドリーの利用者の少なくとも五〇パーセントは、「Fold4U」に洗濯物をたたんでもらうために二ドル支払う。

YOD：レニーズ・コインランドリーの利用者の七八パーセントは、「Fold4U」に洗濯物をたたんでもらうために二ドル支払った。

アンジェラは報告を聞いて興奮した。ただのまぐれでないことを確認するため、彼女とイヴァンはアルバイトを雇って洗濯物をたたむのを手伝ってもらい、テストを繰り返すことにした。目新しさが薄れるにつれ、市場の反応もやや落ち着いた（どうやら当初の利用者の一部は、その装置を日常的に利用するというより、いったいどんなふうに動くのか、本当に機能するのかといったことに興味があったらしかった）。

しかし、平均反応者数（コインランドリー利用者のうち、乾燥機の後に「Fold4U」を利用し、お金を払った人の数）は六二パーセントという健全な数字を維持しており、イヴァンがxyz仮説で予想した数字（五〇パーセント以上）が達成可能だという、説得力のある証拠となっていた。

つまり、人々はそうしたサービスにお金を払うと言い、実際に「身銭を切る」段になっても本当にそうしたのだ。今回の場合、YODは意見と一致した。「それ」は起きたのだ。もちろんこうしたことは、私たちが望むほど頻繁には起きない。だからこそ、アイデアを検証する必要があるのだ。

アンジェラはFold4Uに投資することに同意してくれた。また、プレトタイプを使った実験から得た堂々たる成果のおかげで、イヴァンは新事業の価値評価を引き上げることができ、アンジェラ以外の投資家からも資金提供してもらえることになった。それだけではない。Fold4Uを発売することになったあかつきには、イヴァンは説得力ある事例をコインランドリーの店主に示せるのだ。

「当社のデータによれば、おたくの顧客の六〇パーセントは、洗濯物をたたんでもらうために洗濯一回分につき二ドルから四ドルほどを支払うはずです。そうなれば、こちらのお店の総収益や利益は少なくとも二〇パーセント向上するでしょう」。商談成立だ！

どんなアイデアでもプレトタイプすべき二つの理由

これら二種類の結末からもわかるように、少々の手間と費用をかけてアイデアをプレトタイピングすることはＷｉｎ－Ｗｉｎ（ウィンウィン）の戦術になる。その理由をまとめてみよう。

- **もし実験で得たＹＯＤが自分の仮説と一致しない場合、失敗する確率が高いプロジェクトに早めに見切りをつけられる。**
- **もし実験で得たＹＯＤが自分の仮説と一致した場合、パートナーを募集したり、資金提供者を確保したり、見込み客を説得したりする際、いっそう有利になる。**

どんなアイデアでも、プレトタイプする価値はある。またアイデアの種類にかかわらず、適切なプレトタイプの型が少なくとも一つはある――というわけで、「メカニカル・ターク」（とイヴァンの両手）にはゆっくり休んでもらい、別のプレトタイピング手法にも目を向けてみよう。

プレトタイピングの手法②「ピノキオ」型

「ピノキオ」型プレトタイプは、童話に登場する有名なキャラクター、ピノキオにその名をちなんでいる。そう、人間の子どもになりたいと願った、あの木製の操り人形だ。この名前をなぜ私が選んだかは、この手法を思いつくきっかけとなった例を話せばわかってもらえるはずだ。

〈例〉スマートフォンへの道を開いた「パームパイロット」

一九九〇年代半ばのことだ。才気あふれる発明家で起業家でもあるジェフ・ホーキンスは、のちにパームパイロットという製品として知られるようになるPDA（携帯情報端末）のアイデアを思いついた。

しかし彼は、そのアイデアに本腰を入れ、高価なプロトタイプ（そのためには、専任エンジニアをそろえ、莫大な時間と費用をかける必要がある）を作製する前に確認しておきたいことがあった。

そうしたデバイスを自分がつくれることはわかっている。しかし、使いたいと思うだろうか？　また使う場合には、どれくらいの頻度で、どんな用途に使うのだろうか？

そうした問いに答える方法として彼が選んだのは、**想定しているデバイスの寸法に合わせて木片をカットし、割り箸を削ってタッチペンをつくることだった。**木片にはさまざまな紙のカバーをかぶせ、ユーザーが使う機能や表示される画面がイメージできるようにした。

彼はその木製デバイスをポケットに入れて数週間持ち歩き、まるで本物であるかのように扱った。自分がどう使うかを考える際のヒントを得るためだ。たとえば、打ち合わせの時間をつくってほしいと誰かに言われると、その木製デバイスを取り出して画面をタップし、自分の予定表を確認したうえでリマインダーを設定するのだ。

「あなた自身が使いたいと思うか」が最も重要

こうしたプレトタイプを使い、ホーキンスは有益なYODを収集した。その結果、自分はこの手のデバイスを実際に持ち歩くだろうということと、利用する機能はおもに四種類（アドレス帳と予定表、メモ、ToDoリスト）であることがわかった。こんな単純な実験をすることで、試作品をつくる価値がありそうだと十分に判断できるだけのYODが得られたのだ。

もちろん、サンプル数1（自分自身）のテストをおこなっただけでは、自分と同じような反応を誰もが示すかどうかは判断できないことは彼も承知していた。他の消費者に対する追試をおこない、この見方が正しいかどうかを検証しなくてはならない。

しかし、重要な最初のテストには合格した。**そのテストとは、開発者自身が「役に立つ」と感じることだ。**

そんなの当たり前だろう、と思うかもしれない。しかし、自分自身が使いたいかどうかを最初に確かめようともせず、製品を市場に売り込もうとする人は驚くほど多い。

木材と紙でつくった簡単なプレトタイプを使って収集したデータによって、もっと多くの投資をし、まともに動く試作品をつくる価値があることがわかり、その際の指針も得られた。

パームパイロットは大ヒットした。それだけでなく、今日のスマートフォンにつながる道をひらき、いまなお多くの携帯型電子端末が採用するフォームファクター（形状やサイズなどの基準）を築き上げた。ピノキオは、人間の子どもになることを夢見た木製の操り人形だった。パームパイロットのプレトタイプの場合、いつか本物の製品になるかもしれないとジェフ・ホーキンスが思い描いた木製のＰＤＡだった。どちらの夢も実現した。

パームパイロットの事例は、卓越したプレトタイピング手法を示しているうえ、私が強調している重要コンセプトをいくつか具体的に教えてもいる。「タイム」誌の一九九八年三月号に掲載された記事の抜粋を紹介しておこう。

＊＊＊

パーム社の最高技術責任者で、「パームパイロット」の開発者でもあるホーキンス氏（四〇歳）は、世界最初の携帯型コンピュータの一つである「グリッドパッド（GRiDPad）」を一〇年ほど前に開発している。この端末は技術的には驚嘆すべきものだったが、商品としては失敗だった。まだサイズが大きすぎたからだ、とホーキンスは語る。同じ過ちを繰り返したくなかった彼は、新しいデバイスはどこまで小さくすべきかと同僚にたずねられ、こう即答した。

「ワイシャツのポケットに入るサイズを目指そう」

彼は自宅のガレージで木片をカットし、自分のシャツの胸ポケットに収まるサイズにした。

そして、その木片を何カ月も持ち歩き、本物のコンピュータであるかのように扱った。たとえば「水曜日、一緒にランチしないか？」とたずねられると、その木片を取り出し、本当に予定を確認しているかのように、木片をタップしはじめるのだ。電話番号が知りたいときも、その木片にアドレス帳が表示されているかのように番号を探す。ときにはボタンの配列を変えるなど、別のデザインを試すこともあった。その際には新たな配列を紙に印刷して木片に貼りつけた。[*2]

＊＊＊

徹底的に「ふりをする」ことが重要

この事例は、プレトタイピングをおこなう動機とその原則を如実に物語っている。

- ホーキンスは、かつて「グリッドパッド（GRiDPad）」で手痛い失敗を経験していた。長い年月と数百万ドルの費用をかけて開発したのに、「技術的には驚嘆すべきものだったが、商品としては失敗」という結果になったからだ。
- 失敗した原因は、つくり方が悪かったからではなく、もともと目指したものが「ロングイット」だったからだ、と彼は悟った。

• 彼は「同じ過ちを繰り返さない」と決心した。言い換えれば、こんなふうに自分に言い聞かせていた。「次からは、正しくモノをつくる前には、本当に正しいモノかを確認しよう」

• 最初のプレトタイプを作製するのは、つくれるかどうかを検証するためではなく、そうしたデバイスを実際に使いたいと思うのか、(また使う場合には) どれくらい頻繁にどう使うのかを検証するためだ。また、YODを自ら収集することで、実際にプロトタイプや最終的な製品を設計する際にその経験が活きる。

集まったデータ(YOD)は、おそらくこんな感じだっただろう。

――一日の活動時間の九五パーセントは、胸ポケットに入れて持ち歩いていた。

――使用するためにポケットから取り出した回数は、一日当たり平均一二回だった。そのうち五五パーセントは予定を入れるためであり、二五パーセントは電話番号や住所を見つけるためだった。またToDoリストを確認したり、新たなタスクを追加したりするため(一五パーセント)や、メモを取るため(五パーセント)にも利用した。

• 彼は、自分の想像力を使う(つまり、ふりをする)ことで、思い描いた製品のダミー版に欠けている機能を補完した。

開発の世界では、動作しないプロトタイプや模型を使うことはまったく珍しくはない。しかし、模型をまるで本物のように扱い、実際に使ってみることは(とくに、ジェフ・ホーキンスのように、ある程度の長期間そうすることは）非常にまれだ。

覚えておこう。プレトタイピングでは、「ふりをする」ことが重要な要素になる。

本質的な答えに近づく問い
「そのアイデアは、そもそも実現すべきなのか？」

パームパイロットの物語は、プレトタイピングとプロトタイピングの重要な違いの一つを具体的に物語っていた。

私自身、エンジニアの一人として、プロトタイプをつくるのは大好きだ。オシロスコープ（電気信号の波形を観測する装置）やはんだごてを駆使する日々がまたやってくるかと思うだけでワクワクしてくる。ただし、いまは、多くの時間を費やして実働モデルをつくる前に、いったん立ち止まるべきだということも学んでいる。

おさらいしてみよう。プロトタイプをつくる主な目的は、次のような問いに答えるためだった。

- **本当につくれるか？**
- **意図したとおりに機能するか？**

- **どれだけ小さく／大きく／効率よくつくれるか？**

こうした問いはたしかに重要だ。しかし、これまでの経験や多くの証拠からわかるように、たいていのものは、つくることも、意図した通りに機能させることもできる。また最終的には、サイズやエネルギー効率を最適化するといったこともできるようになる。要するに、こうしたことに関しては、自分の能力に自信をもっていい。

一方、プレトタイプをつくる主な目的は、こんな問いに答えるためだ。

- **自分は使うだろうか？**
- **いつ、どのように、どれくらいの頻度で使うだろう？**
- **他の人は買うだろうか？**
- **買う場合、いくらぐらいなら払うだろうか？**
- **いつ、どのように、どれくらいの頻度で使うだろう？**

こうした問いに答えることにより、**「そもそもつくるべきか？」**といういちばん大事な問いにも答えやすくなるはずだ。

これだけいえばもう十分だろう。「ピノキオ」型プレトタイプの活用例をあと二つ紹介しておこう。

〈例〉スマートクラクション

車のクラクションは、周囲のドライバーと意思疎通するためのかなり単刀直入なツールだ。もしあなたが大半の人と同じようなら、車の運転中、クラクションをさまざまな用途に使うはずだ。「プップー！」という音は、次のいずれも意味しうる。

- 「早く動け！」信号が青になったのに動き出さないドライバーに対する小言。
- 「ありがとう」片側一車線の道路で、追い越しをさせてくれたドライバーへのお礼。
- 「やあボブ！」友人のボブが運転する車とすれ違ったときの挨拶。
- 「お前、死にたいのか？」車の前に飛び出した歩行者への警告。
- 「この＃＄％～＆＊！」（幅広い目的に使える）

ここで「スマートクラクション」のアイデアだ。これは四つボタンを搭載したクラクションで、音と一緒にカスタマイズしたメッセージを流せるようになっている——そのため、車の窓から顔を出して叫ぶ必要はなくなる。メッセージは、たとえばこんなものがあるだろう。「邪魔ですよ」「ありがとう」「やあ元気？」「気をつけろ」「この＃＄％～＆＊！」

このようなクラクションがつくれることは間違いない。**しかし、人々は使うだろうか？**

使う場合には、どれくらい頻繁に、どんな用途で使うだろうか?

こうしたことを知るために役立つのがプレトタイピングだ。パームパイロットのときにジェフ・ホーキンスがやったのと同じ要領で実験してみよう――自分が使うかどうかを、まず確認するのだ。

最も手軽な方法は、自分の車のハンドルにシールを貼って、二週間ほど運転してみることだろう。シールは四種類用意し、それぞれ別のクラクション音を割り振る。そして運転時には、そうしたシールが本物のスマートクラクションのボタンであるかのように扱うのだ。そうすると、意外な発見があるかもしれない。たとえば、革ずくめのオートバイ軍団が相手の場合、「この#$%~&*!」と車が叫ぶのは、それほどいいアイデアではないかもしれない、ということなどだ。

機械いじりやプログラミングが得意な人なら、シールをボタンにアップグレードし、何回押したかカウントできるようにするのもお手のものだろう。そうすれば、収集データもいっそう正確になる。またうまく説得すれば、家族や友人にも実験に参加してもらえるかもしれない。その場合には、どんなメッセージを流したいかを聞いて、そのシールを相手の車のハンドルに貼り、どれだけ頻繁に使ったかをメモしておくようにお願いしよう。

〈例〉スマートスピーカー（音声アシスタント）

この文章を書いている時点では、スマートスピーカー（たとえば、アマゾンのエコー〈Echo〉やグーグルホーム〈Google Home〉、アップルのホームポッド〈HomePod〉など）は新たなテクノロジーとして注目を集めている。私は、スマートスピーカーが市場でどれだけ人気になるかは予測できなかったが、そうした製品が開発されていると知ったとき、ある予想をしていた。自分は少なくとも三台は購入するだろう、ということで、ほぼ確実だという自信があった。最初のスマートスピーカーが発売される二年ほど前のことで、その予想に使ったのは、ピノキオ型のプレトタイプだった。

私は、ピントビーンズ（うずら豆）の空き缶を用意して、外側を黒のマスキングテープで覆い、ハイテクっぽく見えるようにした。名前もつけた。「ハル（ＨＡＬ）」だ（映画『２００１年宇宙の旅』に登場するコンピュータ「ＨＡＬ９０００」にちなんでいる）。そして居間のコーヒーテーブルの上に置き、本物であるかのように扱った。こんなふうに話しかけたのだ。

「ハル、今日の天気は？」
「ハル、一時間後に母さんに電話するようリマインダーしてくれ」
「ハル、レッド・ツェッペリンの曲を何かかけてくれ」

「ハル、明日の朝五時に起こしてくれ」

もちろんピントビーンズの空き缶が、私の命令に反応するわけはない。しかし「実際に機能し、自分の命令を実行してもらえるふりをする」という単純なことで、**自分がそうしたデバイスをどこで、どんなふうに、どれくらい使うかというYODを手に入れられ、さまざまなヒントも得られた。**

この実験によって判明したことをいくつか紹介してみると、まず私の場合、こうしたデバイスが少なくとも三台は欲しかった。居間と寝室、書斎に一台ずつだ。

また、このプレトタイプと数日間つきあった結果、音量調節のつまみの他、「聞くのを止めて」ボタンも欲しいとわかった――万一、ピントビーンズの缶にプライベートな会話を聞かれていたら困るからだ。内蔵マイクについても、小声で命令しても検知できるくらい高感度にするか、「ささやきモード」を設置したほうが望ましいとわかった。そうすれば、朝五時にこんなことを叫んで家じゅうの人間をたたき起こさずに済む。「ハル、今朝は雨が降るかな？」

一週間もたたずに、私はこうしたデバイスは自分にとっては絶対に「ライトイット」の製品で、おそらく自分以外の数百万の人々にとってもその確率が高い――つまり、市場で成功する確率が高い——と確信した。だから、二〇一五年にアマゾンがエコーを発表したとき、私は行列に並んで購入した一人になった。

その後に二台目も買い、結局、三台買った。もう一ついっておくと、エコーを写真ではじめて見たときには、笑みをもらさずにはいられなかった。私がピントビーンズの缶でつくったプレトタイプと兄弟のように似ていたからだ。

プレトタイピングの手法③「ニセの玄関」型

「ニセの玄関」型のプレトタイプの名づけ親は、その当時、コミュニティ型コマースサイト「ポリボア（Polyvore）」のCEO兼共同創業者だったジェス・リーだ。サンキュー、ジェス！

このプレトタイプの背景にある基本的概念は、**自分のアイデアがどれだけ多くの人に興味をもってもらえるかを調べる手段として、「玄関口**（たとえば、広告やウェブサイト、パンフレット、**実際の店頭など）」を設け、その製品やサービスが実在するかのようなふりをする、**ということだ（実際はまだない）。もしその製品の「玄関口」をノックする、つまり、あなたのアイデアに興味を示す人を十分に集められない場合、振り出しに戻って自分のアイデアや仮説を検討し直したほうがいいことになる。

雑誌『WIRED（ワイアード）』の創刊編集長でベストセラー作家でもあるケヴィン・ケリーは、その伝説的で影響力あるキャリアの初期にこのアプローチを使い、彼にとっての最初のビジネスアイデアだった、低予算旅行向けガイドブックのカタログの需要を調査している。ケリーは、ティモシー・フェリス著『メンター軍団の教え（Tribe of Mentors）』（未邦訳）でこう語っている。

「最初のビジネスは二〇〇ドルではじめた。『ローリングストーン』誌の後ろに広告スペースを買って、低予算旅行向けガイドブックのカタログを一ドルで送ると書いたんだ。といっても、そんなカタログも本の在庫もまだこの世に存在しなかった。注文が十分に集まらなかったら、「すべての注文の」お金を返すつもりだったんだ。だけどブートストラップ（低予算でビジネスを立ち上げること）を心がけたおかげで、なんとかうまくいった」[*3]

雑誌の後ろに広告を載せるというのは、現在ではかなり古風なアプローチに思えるかもしれないが、一九八〇年代初旬では、こうした比較的安価な広告が、予算の少ない起業家がターゲット顧客に到達するために使える限られた手段の一つだったのだ。

ケヴィン・ケリーが旅行ガイドの需要を調査していたころ、私は大学で学ぶかたわら、コンピュータのプログラミングに夢中になっていた。一九八一年、IBMが同社初のパソコン「IBM　PC」を発売したとき、私はこう思った。これまで学んだプログラミング技術を使って、コンピュータゲームをつくったらどうだろう？　当時、コンピュータゲームは人気が沸騰しつつあったからだ。そこで父に出資してもらった五〇〇〇ドルを元手に、[*4]私は初代「IBM　PC」を入手し、はじめて自分のビジネスを立ち上げた。コンピュータゲームを製造販売する一人ビジネスだ。

Win-Win-Win（ウィンウィンウィン）を目指せ

私はその会社を「ヘイジェン・コーポレーション（Heigen Corporation）」と名づけた。なんとなく威厳がある感じで印象に残りそうだと思ったからだ。開発したゲームのいくつかは商業的に成功し、とくに「ラムサック（Ramsak）」という、荒削りの「パックマン」のようなゲームは好評だった。しかし、期待ほど売れなかったゲームもあった。残念ながら、私にはケヴィン・ケリーのような先見の明はなく、それぞれのゲームを二、三か月かけて開発する前に、数百ドル使って市場を検証する、つまりプレトタイピングをしなかったのだ。

当時は気づかなかったが、いまになって思えば、それが私にとっては、「新製品失敗の法則」と「ライトイット」の概念との最初の接点だった。あのとき、この「ニセの玄関」型のプレトタイピングを知っていたら、別のやり方をしていただろう。

たとえば、完成版のゲームを開発しようとする前に、製品化を検討しているゲームのスクリーンショット（静止画像）と簡単な説明を用意する。そして、それぞれのゲーム向けに「近日発売」の広告をつくり、雑誌などに掲載するのだ。広告には、切手を貼った返信用封筒を同封して手紙を送れば（当時はまだ電子メールはなかった）、希望のゲームが発売されたときに通知と五ドルの割引券を受け取れると書いておく。

もう少し具体的に説明しよう。

次回開発するゲームとして、四つの候補があったとする。

- 「ロスト・イン・ビットランド」：パズルを解きながら進む、迷路型アドベンチャーゲーム
- 「デジ・コング」：巨大なサルからバナナを盗み出すゲーム
- 「ピクセル・レーサー」：レーシングゲーム
- 「テープワーム」：サナダムシのゲーム

まず、それぞれのゲームについて、同じような広告をつくり、どこかに掲載する。数週間後（インターネットが登場する前には、これくらいかかるのが普通だった）には、実験の結果を比較で

きるようになる。

結果は一五七ページの図のようになった。じつは私は「テープワーム」を応援していたのだが、「データは意見より強し」だ。まずは一番人気（二五五件）の「ピクセル・レーサー」を開発し、終わったら二番目（二二七件）の「ロスト・イン・ビットランド」に着手することにしよう——申し込み一五件と大差で三位の「デジ・コング」はあきらめる。残念だが「テープワーム」もだ。同時に「ピクセル・レーサー」の追加広告をほかの雑誌にも何件か出す。こうした広告が良好な反応を生み、投資に見合う効果が期待できるとわかったからだ。

二、三か月後、「ピクセル・レーサー」と「ロスト・イン・ビットランド」に興味を示した人々は、約束の五ドルの割引券入りの手紙を受け取ることになる。手紙には「ピクセル・レーサー」がついに発売になり、数か月後には「ロスト・イン・ビットランド」も発売予定だと書かれている。

では、残る二つのゲームに興味を示した人はどうなるのだろう？　こうした人たちにも手紙を送る。残念ながら「デジ・コング」と「テープワーム」は発売中止になったと説明し、おわびとして「ピクセル・レーサー」を無料で同封しておく。

正直にいえば、私自身、この手法を紹介するたびに、やや引け目を感じる。この「ニセの

ゲーム	反応者数
ロスト・イン・ビットランド	127
デジ・コング	15
ピクセル・レーサー	255
テープワーム	3

玄関」型は、私のいちばんお気に入りであると同時に、いちばん嫌いなプレトタイプでもある。きわめて効率的かつ効果的だが、うさんくさい要素がないともいえないからだ。

だから、医療関連の機器やサービスなどこの手法を使うべきでない製品カテゴリーも存在する。また、どんな製品やサービスに対して使う場合でも、倫理上の問題を真剣に検討・認識したうえで活用してほしい。

さらに「玄関」をノックしてくれた人々には、なるべく気前よく振る舞いたい。YODのお礼に何かしら価値のあるものを提供し、協力に感謝しよう――そうすれば、Win－Win－Win（ウィンウィンウィン）になる。私が今回の例でおこなったようにだ。考えてみてほしい。

1.「ピクセル・レーサー」と「ロスト・イン・ビットランド」に興味をもった人は喜ぶ。希望のゲームを手に入れられるうえ、五ドル割引してもらえるからだ。

2.「デジ・コング」と「テープワーム」に興味をもった人は、希望のゲームは手に入らないが、得になることはある。私が別のゲームを無料進呈するからだ。私の想像だが、新発売のゲーム（二九・九五ドル相当）を無料でもらえたという驚きは、大半の人にとっては、「テープワーム」をプレイできないという失望を補って余りあるのではないかと思う。

3.私も得をする。なぜなら、それほど多くの人に興味をもってもらえないようなゲームを開発して宣伝することに時間や費用をムダづかいせずに済んだからだ。

「ニセの玄関」型のプレトタイプの活用例をあと二つほど挙げてみよう。最初は、オンラインではなく従来方式の店を出すことを検討している場合だ。

〈例〉アントニア古書店

アントニアは街の商店街に古書店を開くことをまじめに検討している。現在の書籍編集者としての仕事を辞めるつもりでだ。しかし、今回の場合、ドアの向こう側は、ちゃんとした書店でないどころか、売り物の本は一冊もなかった。というより、がらんどうの空き部屋だった。

アントニアには、一般的な市場調査をおこなえるような潤沢な予算はなかった。しかし、彼女の「市場の反応に関する仮説（MEH）」では、適切な通り沿いに店を構え、大きな表示を出して宣伝すれば、大勢の人が通りすがりに気づいてくれて、あとは口コミでなんとかなるはずだった。

この計画が成功するためには、毎日、通りかかった人の少なくとも〇・五パーセント（二〇〇人に一人）に、来店してもらう必要があった。店舗スペースを借り受け、在庫を購入し、手伝ってくれる人間を雇うために多額の投資をする前に、彼女は自分の仮説を検証したいと考えた。

彼女は、二〇ドル払って表示をつくり、両面テープを二ドルで買った後、有望そうな（本好きの人がある程度いそうな）場所や通りをいくつか選び、二、三時間ずつテストしてみた。自分のつくった表示をドアに貼った後、通りの向かい側に陣取り、次のような事項をチェックしたのだ。

1. ドアの前を通り過ぎた人の数
2. その表示に気づいた人の数
3. 立ち止まってドアをノックした人の数

4. その人がドアをノックした回数（ノックする回数が多いほど、興味があるに違いないから）
5. ドアをノックした人の年齢、性別、その他の関連がありそうな特徴（たとえば、身なりの良い専門職の中年男性、女子大生）

彼女はこの実験を平日と週末の両方におこない、歩行者の量や構成が変わるかどうか、変わる場合にはどのようにかを確認した。

数日後、アントニアの手元には多くの有益なYODが集まった。しかし残念ながら、その内容は彼女の仮説とは一致しなかった――大違いだったといってもいい。

ある場所では、四〇〇〇人が前を通ったが、ドアをノックしたのはたった三人だった（つまり〇・一パーセントだ）。別の場所では五〇〇〇人が通り過ぎたが、誰もノックしなかった。

アントニアはがっかりしたものの、ほっとしてもいた。データの収集と仮説の検証を、わずかな出費で迅速に、仕事も辞めずにできたからだ。

彼女は、プレトタイピングをしたおかげで、悲惨な結果になったかもしれない事業計画を実行せずに済んだのだ。

これはつまり、古書店を開くという夢をアントニアはあきらめるべきだということなのだろうか？　まだそうとは限らない。しかし、ドアに表示を貼っておくだけで、客に来てもらえるとは思わないほうがいいという意味ではあるだろう――彼女は自分の仮説を修正する必要があるだろうし、ビジネスプランを修正して、少なくともはじめのうちは多少の広告予算を含める必要もあるかもしれない。

彼女はまた、こんなふうに思いはじめていた。書店を実店舗で開くというアイデアは魅力的だけど、古書を販売するにはオンラインのほうが向いているかもしれない。

このように、「ニセの玄関」型の実験は、現実の世界ではすばやく効果的に機能したが、オンラインの世界でも使えるだろうか？　もちろん使える。彼女の友人でリスの愛好家であるサンディの例を紹介しよう。

〈例〉『野生リス観察ガイド』

サンディは、自分が熱中している趣味に関する本を執筆しようかと考えている。野生リスの観察（いわば野鳥観察のリス版）ガイドブックだ。しかし、たいていの本は市場で失敗することも承知している。だから、リスを観察する貴重な時間を割いて、何か月も本の執筆に充てる前に、どれくらい需要があるかを確認したいと思った。こうした目的には、オンラインでの「ニセの玄関」型プレトタイプはぴったりだ。

まずサンディは、「SquirrelWatching.com」というドメインを取得した（一〇ドル）。その後、ウェブサイトを自作するための無料ツールを使い、シンプルなウェブサイトを用意した。そのサイトのランディングページには、自分の本のモックアップ版と本の簡単な紹介、著者の略歴を掲載し、「いますぐ二〇ドルで購入する」のボタンを設置した。購入ボタンをクリックした人は、別のページに自動的に転送され、こんなメッセージを目にすることになる。

「親愛なるリス愛好家のみなさんへ
『野生リス観察ガイド』に興味を抱いていただき、ありがとうございます。

本書は現在、精魂込めて執筆中ですが、まだ完成にいたってはおりません。初版本の購入を希望される方は、下のフォームからメールアドレスをお送りください。発売になり次第、お知らせいたします。

いましばらく、リスの観察を楽しまれつつお待ちください。

狂犬病の予防注射をお忘れなく！

サンディ・ワトソン（「リス娘」）」


「ニセの玄関」のウェブサイトを開設し、問題なく機能することを確認したら、世界中のリス愛好家にその存在を知ってもらう必要がある。そこで彼女は、オンライン広告をつくってみた。

「野生リスの観察に関心がありますか？
いますぐwww.SquirrelWatching.comで、『野生リス観察ガイド』（サンディ・ワトソン著）を予約しましょう。特価二〇ドル」

彼女はその後、合計六〇ドルを投じて、自然愛好家向けウェブサイトに広告を掲載し、リスに関する検索をおこなった人にスポンサーリンクとして自分のサイトが表示されるようにした。

これでYODを収集する準備は整った。広告をクリックした人は、自動的に彼女のウェブサイトに転送される。そこでは、メールアドレス（ちょっとした「身銭」）を提出すれば、本の発売時に知らせてもらえるというオプションが与えられる。この「ニセの玄関」型の実験は、一〇〇ドル程度の費用でおこなえ、手間も数時間しかかからない。さらに高度な技術も必要ではない――それでも、価値あるYODをもたらしてくれる。

たとえば、広告にかかった費用を「いますぐ二〇ドルで購入する」のボタンがクリックされた回数で割り算すれば、彼女は自分の顧客獲得単価（Customer Acquisition Castの頭文字をとってCACと呼ぶ）を求められる。もし六〇ドルかけた広告を見てサイトを訪れた人のうち、一五人が購入ボタンをクリックした場合、彼女のCACは約四ドルということになる（$60÷15＝4）。これなら、なかなか有望だ。六〇ドルの広告が三〇〇ドルの売上をもたらすことになるからだ。

しかし、一人か二人しか購入ボタンをクリックしなかった場合、現在のマーケティング方法（ウェブサイトのデザインや広告のキャッチコピーなど）か、自分の「市場の反応に関する仮説（MEH）」を見直す必要があるだろう。どちらにしても、本を書くかどうか決めるための客観的なデータをサンディはじかに手に入れられる。

「意見」を重視した人たちの「悲惨な結末」

先のプレトタイプと違い、一般的な市場調査のアプローチを使ったらどうなっただろう。古書店の彼女、アントニアはノートを携え、表通りとオーク・ストリートが交わる角（自分の古書店を開きたいエリア）に陣取り、通りかかる人々にこんなふうに質問する。


「この通りに素敵な古書店があったらいいと思いませんか？」

「そんなお店があったら、足を運びますか？　運ぶ場合は、年に何回くらいでしょう？」

「年に何冊くらい本を買うと思いますか？」


アントニアの身体とノートは、たしかに表通りとオーク・ストリートが交わる角にあるのかもしれない。しかし、彼女のデータは異世界からやってきている。そう、意見やアイデアが住む世界、私たちが「想像の世界」と呼ぶ場所だ。

アントニアの「想像の世界」にもとづく「調査」では、彼女が計画しているような古書店に大きな需要があることを示唆していた。

大部分の人々（七七パーセント）は、古書店ができるのは大歓迎で、自分のためや、周囲への贈り物のために定期的に買い物をするだろうと答えた。

たとえば、ある年配女性はこんなコメントをした。「友だちに贈り物をしたいとき、古書は心のこもった個性的な贈り物になるから助かるわ。私は友だちが多いしね。少なくとも月に二、三冊は買わせてもらうんじゃないかしら」

ある女子大生は、自分は毎月一〇〇ドル以上を本代に使うので、近所に本屋があればうれしい、と言っていた。だが、誰もがこれほど明るく肯定的なコメントをしたわけではない。「この辺の書店は、業績不振で何軒も店をたたんでいる。成功できる見込みは少ないのでは」と警告してくれた人も少数だがいた。だがアントニアは、こうした「反対主義者」（確証バイアスのため、アントニアにはそう思える）の意見は無意識のうちに退け、資金計画を立て、事業の構想を練っていった。

最終的に、彼女は毎月の売上が一万四〇〇〇ドルを超えるだろうと予測した。この売上予測に励まされた彼女は、仕事を辞め、総額一〇万ドルのローンを組み、店舗を三年契約で借り受け、古書をどっさり買い込み、華々しく開店した。しかし六カ月後には、ひっそりと閉店することになった。彼女は現在、一〇万ドル以上の借金をかかえて無職である。かなり気の毒な結末ではないだろうか？

同様に『野生リス観察ガイド』のサンディも、野外での楽しいリス観察を一時あきらめ、本の執筆を開始することにした。彼女が決断の際に参考にしたのは周囲の意見だけで、家族や友人の他、とある引退したパークレンジャー（自然保護官）にも話を聞いた。パークレンジャーは「私の知り合いはみなリスが大好きで、ものすごく関心がある」と言っていた。

彼女は本の構想と執筆に二年をかけ、数千ドルを費やして自費出版した。そして現在。彼女はなるべく自宅のガレージに行かないようにしている。段ボール箱五〇箱にぎっしり詰まった、売れ残った本を見るのがつらすぎるからだ。

これらシナリオのどちらにおいても、**データではなく意見に頼ったせいで、アントニアとサンディは「想像の世界」の「誤検出」に惑わされ、「新製品失敗の法則」の犠牲となった。**二人は白ワインのボトルを二本ばかり空にしながら、自分たちの不幸を嘆いた。どこで間違ってしまったのだろう？

「話を聞いた人のほとんどは、あんなに書店を歓迎してくれたのに。あの人たちはどこに行ったの？」アントニアはそう言うと、ワインをぐっと飲んだ。「もう誰も本なんて買わないの？」

「少なくとも、私の本は買わないことは確かね」とサンディは受け、空になった自分のグラスを再び満たした。「時間とお金をかけて、あのリス本をつくったのに……つらすぎて、もうリスを見る気が起きないくらいよ」

毎年何百人もの人が「市場で失敗する製品やサービス」をつくっている

さてここで、最初に紹介したもともとのシナリオについて考えてみよう。そこでは、二人は「ニセの玄関」型のプレトタイプを使っていた。アントニアが失ったのは二・一ドルと少々の時間だった。「ニセの玄関」をノックしたごく少数の人は、そのときはがっかりしたが、一分後には何があったかをすっかり忘れてしまった。つまり、それほど大した被害はなかった。

サンディの場合も同じだ。彼女が費やした時間と、「ニセの玄関」(リスの本のオンライン広告)をクリックしてくれた数人にかけた迷惑は、ほぼ誰にも興味をもってもらえない本を執筆・出版するために彼女がかけるはずだった時間や費用、努力にくらべれば、取るに足らないものに見える。

私が思うに、アントニアの場合でも、サンディの場合でも、二番目のシナリオのほうが被害もムダも甚大になる。「ニセの玄関」をノック（またはクリック）するために人々が浪費した数分間は、彼女らが被らずに済んだ損害を考えれば許せる範囲ではないだろうか。あなたにも同意してもらえることを祈る。

毎年、何百万ものアントニアとサンディのような人が、ゆくゆくは市場で失敗する製品やサービスを売り出し、事業を立ち上げる。そのような誰も欲しくない事業や製品が引き起こす社会的コストはどれぐらいあるのだろう？　開発や製造、宣伝、物流に巨額の投資をしたすえ、売れなかった何百万もの製品はどうなるのだろう？

倒産や廃棄物処理にかかわる仕事をしていれば別かもしれないが、あなただって、アントニアやサンディがきちんと給料がもらえる勤め人でいるか、ビジネスで成功している――借金をかかえたり、失業保険をもらったりはしていない――ほうが気持ちがよくないだろうか？

それだけではない。「ニセの玄関」のオファーに興味のない人は、ドアをノックしたり、広告をクリックしたりはしない――だから迷惑がかかることはない。また、そうしたアイデアに興味をもち、古書店やリスの本が実現してほしい場合、「ニセの玄関」のオファーをノック（またはクリック）することは、ある意味では「賛成票」を投じるようなもので、そのアイデアが実現する確率を高められるのだ。

とはいえ、こうしたもっともな理由があっても、なぜ「ニセの玄関」が私の最も好きだが嫌いでもある手法なのか、たぶん理解してもらえるはずだ。低コストで簡単におこなえ、現実の世界についてのデータを数時間ほどで収集できるのはすばらしい。だがやはり、ほんの少しでも人をあざむくのは気が進まないものだ。同じように感じている人のために、解決策を二つ紹介したい。

「罪悪感なく」データを集める方法

一つ目は、「ニセの玄関」をノックしてくれた（または「購入する」ボタンをクリックしてくれた）人に事実を打ち明け、できればお礼をすることだ。

たとえば、古書店の「ニセの扉」をノックする人がいたら、アントニアはその人に歩み寄り、今回はただのテストだったと伝えて謝罪する。その際に一〇ドル程度のアマゾンのギフト券を渡して、「お好きな本を購入されるときに使ってください」などと言うのもいいかもしれない。

サンディも、自分の「ニセの玄関」のウェブサイトで似たようなことができる。たとえば購入ボタンをクリックした人全員にリス関連の安価なグッズ（一ページ程度のリスの識別ガイドなど）を無料でプレゼントするなどだ。このプレトタイプを用いるときには、協力者に報いるようにお勧めしたい――そうすればＷｉｎ－Ｗｉｎになるからだ。お客候補はプレゼントを無料でもらえ、あなたは罪悪感なくＹＯＤを収集できる。

二つ目の解決策は、次項で説明する「ニセの玄関」型の変形版、「ファサード」型のプレトタイプを使うことだ。

プレトタイピングの手法④「ファサード」型

「ファサード」とは、街路や広場などに面する建物の正面玄関のことを指す。「ファサード」型のプレトタイプは、ある重要な点で「ニセの玄関」型と異なっている。お客候補がドアをノックしたり、購入ボタンをクリックしたりすると、誰かが応答するか、何かが起きるのだ。目当てのものが実際に手に入ることさえある。すばらしい事例があるので紹介しよう。

〈例〉カーズ・ダイレクト（CarsDirect）

インターネット時代の黎明期のことだ。アイデアラボ（IdeaLab）のＣＥＯで、革新的なアイデアの持ち主として世界的に知られるビル・グロスは、オンラインで車を売るアイデアを思

郵便はがき

料金受取人払郵便

新宿北局承認

8311

差出有効期間
2021年4月
30日まで
切手を貼らずに
お出しください。

169-8790

154

東京都新宿区
高田馬場2-16-11
高田馬場216ビル5F

サンマーク出版愛読者係行

ご住所	〒　　都道府県	
フリガナ		☎
お名前		(　　　)
電子メールアドレス		

ご記入されたご住所、お名前、メールアドレスなどは企画の参考、企画用アンケートの依頼、および商品情報の案内の目的にのみ使用するもので、他の目的では使用いたしません。
尚、下記をご希望の方には無料で郵送いたしますので、□欄に✓印を記入し投函して下さい。
□サンマーク出版発行図書目録

1 お買い求めいただいた本の名。

2 本書をお読みになった感想。

3 お買い求めになった書店名。

市・区・郡　　　　町・村　　　　書店

4 本書をお買い求めになった動機は?

・書店で見て　　・人にすすめられて
・新聞広告を見て(朝日・読売・毎日・日経・その他=　　　)
・雑誌広告を見て(掲載誌=　　　)
・その他(　　　)

ご購読ありがとうございます。今後の出版物の参考とさせていただきますので、上記のアンケートにお答えください。**抽選で毎月10名の方に図書カード(1000円分)をお送りします。**なお、ご記入いただいた個人情報以外のデータは編集資料の他、広告に使用させていただく場合がございます。

5 下記、ご記入お願いします。

ご職業	1 会社員(業種　　)2 自営業(業種　　) 3 公務員(職種　　)4 学生(中・高・高専・大・専門・院) 5 主婦　　6 その他(　　)		
性別	男・女	年齢	歳

ホームページ　http://www.sunmark.co.jp　ご協力ありがとうございました。

いついた。
そうしたサービスは現在では珍しくもないが、当時はきわめて先進的なアイデアで、商業的に成功するかどうかはまったくわからなかった。そのため、大がかりな投資をおこなう前に（というより、在庫の車を一台も仕入れないうちに）、ビル・グロスはそのアイデアを、私たちがここで「ファサード」型と呼ぶアプローチを使って検証した。そのときのことを、彼はこう語っている。

「一九九九年、私たちはカーズ・ダイレクトを開業した。当時はクレジットカード情報をウェブ上で入力することすら人々がためらう時代だった。なのに、インターネットで車を売ろうというのだ！　水曜の夜にサイトを立ち上げたところ、木曜の朝には四件の注文が入っていた。その時点でサイトはすぐ閉鎖した（車を四台、小売価格で買い、そうした客に届ける必要があったからだ。赤字の取引だった）が、命題は証明できた。本物のウェブサイトと会社の立ち上げに取り組んだのは、それからだった」[*4]

実験時、カーズ・ダイレクトには在庫は一台もなかったが、水曜の夜に立ち上げたウェブサイトは「ニセの玄関」型ではなく、「ファサード」型のプレトタイプと見なせる。というのも、「ニセの玄関」型の場合、車の写真と説明のすぐ脇にある「購入する」ボタンをクリックした人は、「申し訳ありませんが、ご希望の車は売り切れました」といったメッセージを受け取るだけだからだ。

だが、カーズ・ダイレクトの場合は違った。心ならずも実験に参加させられ、謝罪や言い訳を聞かされる代わりに、「購入する」ボタンをクリックした先着数名は、希望する車を本当に入手できた。では、ビル・グロスたちは何を得たのか？　それは、自分たちのアイデアの正しさを証明する最も確かな証拠といえる、多くの「身銭」を伴ったYOD――数千ドルの小切手四枚――だ。

「ファサード」型であなたを成功に導く有益なデータを得よ

「ファサード」型のプレトタイプは、「ニセの玄関」型よりも費用や手間が多くかかる。ではなぜ、早くて安い「ニセの玄関」型ではなく、こちらを選ぶのか？　それは、アイデアや状況しだいでは、それだけの価値があるからだ。

第一に、すでに説明したように、製品やサービスによっては、「ニセの玄関」型のプレトタイプを用いると、倫理上の問題が生じたり、法にふれたりする恐れがある（たとえば、何らかの病気について、治療法がないのに「ある」と宣伝するなど）。

第二に、「ファサード」型を使ったときのほうが、検討しているビジネスについてずっと多くのことが学べる。

カーズ・ダイレクトの場合、ビル・グロスと彼のチームは、サービスに需要がある、つまり、車をオンラインで買いたい人はいることを確認できただけでなく、最初の数人の客に実際に車を販売・納品することで、必要な書類手続き（ローン契約や名義変更など）や社内プロセスを実地で学ぶことができた。もちろん、そうした客から支払われた数千ドルずつの小切手は、出資を募る際には、どれだけ大勢の人がドアをノックしたか（または、購入ボタンをクリックしたか）を示すスプレッドシート上のデータよりも、はるかに印象的で説得力ある証拠となるはずだ。

〈例〉アントニアの古書店再び

アントニアがどのように「ニセの玄関」型のプレトタイプを活用し、古書店を開くという自分のアイデアを最小限の時間と費用で検証したかは、すでに紹介した。このとき彼女が、自分の市場や顧客をより深く理解するためなら、もう少し投資してもかまわないと思っていた場合、「ファサード」型のプレトタイプはぴったりだっただろう。彼女の場合のような実店舗のビジネスについても、カーズ・ダイレクトに似たアプローチは取れる。

たとえば、空きビルや空き店舗の入り口にたんに表示を出しておく代わりに、内側のスペースを数日間だけ借りられるように手配するという手もある。そこには、手持ちの本を並べた本棚を二つほどと机を置いておく。ドアをノックして客がやってきたら、まだ在庫をそろえているところだと説明したうえで、興味のある本やジャンルがわかっているようなら、探す手伝いはよろこんでしたい、と伝える。たとえば、こんな感じだ。

お客候補がドアを開ける。ずらりと並んだ本棚に何千冊もの本が詰まった店内を期待していた客は、意外な展開にとまどいを隠せない。そこには、本棚二つと机しかなく、アントニアがパソコンで作業をしている。

「あ、すみません、本屋さんと間違えました」客は謝る。

「本屋ですよ」アントニアはにっこり微笑《ほほえ》む。「まだ準備中ですけどね。在庫をそろえているところです」

アントニアは奥から出てきて、まだ困惑ぎみのお客候補と握手する。「アントニアと申します。まだはじめたばかりで、様子見の段階なんです。ビジネスも、このエリアもね。でも、お手伝いはできます。何か決まった本をお探しですか?」

「じつは、私はストア哲学にとても興味があるんです。その分野の珍しい本や面白い本がないかとうかがってみたわけで」

「ああ、ストア派ですか。マルクス・アウレリウスの『自省録』なら、一九世紀に翻訳された美しい革表紙のものが出てたと思います。ただし、それほどお安くはありません。二〇〇ドルくらいでした。お望みなら、探して注文いたしましょうか？　それとも、もう少し手ごろなものをお探しですか？」

「いいえ、それほどお手間でなければぜひお願いします。いいものなら、それくらい出すのはかまいません」

「よろこんで承ります。ところで、コンピュータの検索結果が出るのを待つ間、同じ本好きとして、少しお話をうかがってもいいですか？　どんな本を集めていらっしゃるんでしょう……」

このように、「ファサード」型のプレトタイプを使うことで、アントニアは「ドアをノックした人の数」だけにとどまらない、さまざまなデータを入手できる。自分の古書店にやってくるのは、どんな人々か？　その人たちはどんな本を探しているのか？　すんなり出せる金額はいくらぐらいまでか？　といったこともイメージできるようになるのだ。

もうお気づきかもしれないが、私は本をこよなく愛している。しかし、映画や動画も同じくらい好きだ――それも、学びや娯楽のためだけでなく、プレトタイピングの手法としてもだ。次に紹介するのもその一つだ。

プレトタイピングの手法⑤YouTube型

私たちは映画や動画を観ることで、その発明以来、まだ現実になっていない出来事や場所、装置（たとえば宇宙船やタイムマシンなど）をイメージしたり、体験したりする（つまり「ふりをする」）。だから、プレトタイピングに動画を活用することは自然な成り行きといえる。

ＹｏｕＴｕｂｅ型のプレトタイピングでは、「映像の魔法」を使って、まだ製品化されていないアイデアや、広く入手できない製品に生命を与え、ターゲット市場に実感してもらえるようにする（その媒体は、ＹｏｕＴｕｂｅなどの動画配信プラットフォームでもいいし、別の形でもいい）。そして、自分のアイデアにどれくらい関心を示してもらえるか、自分自身で集めた客観事実（ＹＯＤ）を収集するのだ。

〈例〉グーグルグラス（エクスプローラー・エディション）

グーグルグラス（Google Glass）は、眼鏡型のヘッドマウントディスプレイだ。両眼のレンズ部分に情報を直接表示できるうえ、カメラ機能も備えており、自分が見ているものをひそかに録画して、動画として公開することも可能だ。開発チームは、製品が完成する前（それも、かなり初期の段階）に紹介用の動画を作成して、グーグルグラスを通して見た世界を仮想体験できるようにした。こうした夢のあるコンセプトで、グーグルが開発するとなれば、多くの噂《うわさ》や関心を呼ぶのは当然ともいえる。

しかし、どこまで本気にしていいのか？　実際にお金を出して買ってくれる人は十分にいるのだろうか？　買ったグーグルグラスはどう使うのだろう？　当初の物珍しさが薄れてからも、使い続けてくれるのだろうか？

案の定、この動画がＹｏｕＴｕｂｅ上で公開されるやいなや、グーグルグラスは大評判となった。どこに行ってもその噂でもちきりで、グーグルグラスが私たちの暮らしをどれほど劇的に変えるか（または、変えないか）について、誰もが自分なりの仮説をもっていたくらいだ。

こんなふうに話題になるのは想定内であって、これはデータでもない――たんに「想像の世界」の意見と憶測が山ほど飛び交っているというだけだ。そんなことより、**ある程度の金額を出して実際に買おうという人は何人いるのだろう？　そのうち何人が日常的に使うだろう？　それは、どんな用途だろう？　それらのほうがもっと重要なのだ。**

未完成のアイデアに関する動画をまっとうなプレトタイプに変えるためには、その動画をかしこく利用する必要がある。たんにオンラインでの再生回数を増やし、「いいね」やコメントを集めるだけではなく、ＹＯＤを生み出す実験として使うには、どうすればいいだろうか？

グーグルグラスの開発チームの場合、動画デモの公開後に「グーグルグラス・エクスプローラー・プログラム」の参加者を募集するというアプローチを使った。

このプログラムに参加するには、かなりの「身銭」を切る必要がある。まず、参加を希望する旨をツイッター上で表明しなくてはならない。「#IfIHadGlass」というハッシュタグつきで、自分ならグーグルグラスがあったら何をしたいかを述べる(たとえば「#IfIHadGlass 私なら料理番組に使う」など)のだ。

何千人もがその募集に応じ、自分なりのグーグルグラスの使い方をツイートした。開発チームはツイートを審査して、二、三千人に「エクスプローラー・プログラム」への参加を認めると連絡した。あとはグーグルグラスの代金として一五〇〇ドルを支払って、サンフランシスコかロサンゼルス、ニューヨークのいずれかの同社オフィスを自費で訪れ、装置のフィッティングと訓練を受ければいい。

こうしたことを実行するには、金銭的にも時間的にも多くの投資が必要になる――つまり、かなりの「身銭」を切ることが要求される。それでも、大勢の人が一五〇〇ドルの代金を払い、同社のオフィスを訪れて研修を最後まで受け、自分用のグーグルグラスを手に入れた。

はじめのうち、身銭を切った人たちの反応は熱狂的だった。ちょっと行きすぎに思えるような場合もあったくらいだ。たとえば、ある著名なテクノロジー分野のブロガーは、グーグルグラスをかけながらシャワーを浴びる自分の写真を公開している。

「グーグルグラス」はなぜ失敗したのか!?

残念ながら、バラ色の日々は長くは続かなかった。当初、大きな関心を呼んだグーグルグラスだったが、まもなく批判の嵐にさらされ、反感をもたれるようになっていった。やっかみ半分かもしれないし、周囲をこっそり録画できる機能が災いしたのかもしれない。とにかく、グーグルグラスをかけている人々は、注目の的から一転して、「グラスホール（Glasshole）」は「メガネをかけた嫌なやつ」といった意味の造語として使われるようになった。

そして、多くのバーやレストランが、店内でのグーグルグラスの使用を禁止にした。最悪だったのが、当初の目新しさが薄れると、プログラム参加者のほとんどがグーグルグラスを使わなくなってしまったことだ。

グーグルグラスは、使い方しだいできわめて有益なツールになるだろうと期待されていた。しかし、実験結果はあまりふるわず、プロジェクトは中止された。このバージョンは、「ライトイット」ではなかったのだ。

これはつまり、プレトタイピングも――フォーカスグループやその他の、私が目の敵にしている「想像の世界」の手法と同じように――「誤検出」をするということなのだろうか？現に当初は大きな関心を呼び、一五〇〇ドル支払っても欲しい、という人までいたではないか。そう思う人もいるかもしれないが、事実はまったく逆だ。グーグルグラスの例は、すばらしいお手本として、こう教えてくれている。

製品によっては、プレトタイピングすることで当初にある程度の関心や関与を生む可能性もあるものの、それだけでは「ライトイット」かどうか判断できない場合もある。どれだけ長く使ってもらえるか、どれだけ繰り返し使ってもらえるかが成否のカギになる製品やサービスもある。

目新しいアイデアに注目してもらうことは、それほど難しくない。とくに、グーグルやアップルのような企業ならお手のもののはずだ。しかし、本当のテストはここからだ。当初の評判を、継続的な関心と利用につなげる必要がある。

グーグルの開発チームの場合、「ＹｏｕＴｕｂｅ」型のプレトタイプと参加型のプログラムを組み合わせたことで、当初に人々が示した関心の度合いを把握できただけでなく、目新しさが薄れてからも愛用したプログラム参加者が何人いたかも追跡調査できた。

もちろん、今回の結果にはがっかりしたことだろう。しかし、すぐに大成功するとはもともと思っていなかったに違いない。成功を確信していたら、こんな手間ひまかけてアイデアを検証するのではなく、すぐさま製品を大量生産し、大々的に売り出そうとしたはずだ。

映像ではあらゆることが可能になる。だから「YouTube」型の手法は、どんなアイデアにも適用できる。ただし、再生回数や「いいね！」の数を、データと勘違いしてはならない。**ここでのカギは、自分のアイデアが実現したときの様子を伝える動画と「身銭」を集める方法を組み合わせることだ。**

「YouTube」型のプレトタイプは、他のプレトタイピング手法と併用される場合も多い。そうすれば、さらに効果が高まるからだ。その威力を、すでに紹介した例を使って説明してみよう。

〈例〉スマートクラクション再び

先ほど「ピノキオ」型の手法のところで、スマートクラクションへの活用例を紹介した。四種類のダミーボタン（ボタンごとに別の音が流れる）を自分の車に設置し、そうした製品を自分が使うか、使う場合はいつ、どれだけ頻繁に使うかを検証する、というものだ。この「ピノキオ」型の手法と、YouTube型の手法を組み合わせることもできる。つまり、動画を制作して、設置したボタンが実際に機能し、クラクションが鳴る様子を見てもらえるようにするのだ。

たとえば、スマートクラクションを備えた車でドライブする様子を撮影し、さまざまな場面での使われ方を伝えるのもいいだろう。前の車のドライバーは電話に夢中で、信号が青になっても気がつかない。そんなときには、控えめに「プップー」と鳴らして動いてもらう。強引に横入りしてきた車には、もっときつい強い調子の音が選択される。「この＃＄％～＆＊！」といった具合に。

もちろん、スマートクラクションはまだこの世に存在しないので、ボタンを押しても何も起こらない。だからこそ動画が役立つのだ。ちょっと編集すれば、ふさわしい効果音を追加して、スマートクラクションが本当に機能しているような感じにできる。動画が完成したらオンライン上で公開して、視聴者が予約注文したり、メーリングリストに登録したりできるようにするのがいいだろう。

〈例〉「野鳥でGO」

YouTube型のプレトタイプと相性ぴったりの製品分野の一つが、ソフトウェアだ。パワーポイント（または、アップルのキーノート）のプレゼンテーションを動画に変換することで、どんなプログラムやアプリの機能でもシミュレーションできる。それもコードを一行も書かずにだ。例を挙げよう。

あなたは、「野鳥でGO」というモバイルアプリをつくろうかと考えている。このアプリを使えば、バードウォッチャーたちは、自分が観察した珍しい野鳥の場所を有料で共有し、趣味を通して小遣い稼ぎができる。開発者であるあなたには、アプリの販売時に五ドル、ユーザー間で取引があるたびにその二〇パーセントが入るシステムになっている。

ここまで読めば、もしあなたがソフトウェア開発者だったら（私もそうだ）、すぐにパソコンを立ち上げて、コーディングをはじめたくなるはずだ。

ソフトウェア開発者でなくても、「野鳥でGO」を代わりに開発してくれる人間を見つけることは難しくないが、そのための投資はゼロではない。アプリの完成には、開発・テスト・バグの修正で、少なくとも数週間はかかるし、ほとんどのアプリは、ユーザーを獲得できないか、赤字になるかのいずれかの運命をたどる。手間ひまかける前に、プレトタイピングを活用して、「野鳥でGO」が「ライトイット」であることを確認したほうが賢いのだ。

だから、パソコンに駆け寄り、大急ぎでソフトウェア開発ツールを立ち上げる代わりに、お気に入りのプレゼンテーションソフトや画像編集ソフトを駆使して、そのアプリで何ができるかを再現してみよう。

たとえば、アップルのキーノートを使って一〇分ほどでつくった「野鳥でGO」の表示画面を見せる。最初の画面には、あなたの近くにいる人気の野鳥のおおまかな場所が表示され、詳しい地図や位置情報を五ドルで購入できるオプションがある。

二番目の画面は、詳細な情報を購入したユーザーに表示されるものだ。詳しい地図とGPS座標（経度・緯度）を伝える他、情報の正確さを評価する機会も提供している。

野鳥を探す、野鳥を報告する、目撃情報を評価するといったユーザーのアクションの結果、どんなことが起きるかがわかる見本画面を掲載しておく。それぞれの画面を組み合わせてアニメーション化し、アプリが機能しているように見せる。

たとえば、「購入する」ボタンをクリックすると別の画面に切り替わり、そこに野鳥の場所の詳細情報が表示されているなどだ――そうすれば、見る人には、「購入する」ボタンが本当に機能しているかのように見える。

アニメーションのシーケンス（画面の順番）を設定し終わったら、次のようなナレーションを追加してデモを完成させよう。

「ご興味のある野鳥の種類を『野鳥でGO』に登録しておけば、あなたの近くで観察されたときに『お知らせ画面』が表示されるようになります」

「今回の場合、あなたの現在地から一〇キロメートル未満の場所にニシツノメドリがいるようです。詳しい位置情報は五ドルで手に入ります」

『購入する』ボタンをクリックすると、詳しい地図と行き方、緯度と経度のGPS座標が表示されます」

「その場所に車で直行したあなたが、トレイルを数百メートルほど歩くと……いました！ニシツノメドリのつがいです。あなたは大喜びで、情報提供してくれた仲間に五つ星の評価をあげることにします」

動画をつくり終えるころには、自分のアプリがどんなふうに機能するかをリアリティたっぷりに伝える、説得力ある動画デモが手に入る、それだけでなく、そのアプリに必要な機能やデザインについても、多くを学んでいるはずだ。

ただし、これはまだプレトタイプとは呼べない。ただの洗練された、動く模型だ。プレトタイプにするためには、この動画をもとにデータを収集しなくてはならない。

方法はいろいろある。たとえば専用ウェブサイトをつくって動画を公開し、アプリのリリース時に知らせてほしい人はその申し込みができるようにしてもいい。またはバードウォッチャーの集まりで動画を紹介し、何らかの「身銭」（たとえばメールアドレスや金銭などを提供してくれる人がいるか見てみるのもいいだろう。

プレトタイピングは「きわめて割のいい投資」である

プレトタイピングは、ROI（投資利益率）という点でも非常に優秀だ。わずかな費用と時間を使って自分のアイデアをプレトタイピングすることで、「ロングイット」をつくるためにムダにする莫大な費用と時間を節約できるからだ。

たとえば、あなたがモバイルアプリ「野鳥でGO」の「YouTube」型プレトタイプを用いた実験のために一〇時間かけ、一〇〇ドル使ったとしよう。それだけの費用と時間で、それなりのプレトタイプをつくり、シンプルなウェブサイトを用意し、オンライン広告を購入し、YODを収集できるようにした。一週間後、動画の再生回数は二〇〇〇回を超え、攻撃的なコメント（「自尊心のあるバードウォッチャーなら、この手の情報で金を取ろうとも、取られようとも考えないはずだ」など）も山ほど寄せられた――しかし、「身銭」はいっさい集まらなかった。

あなたはプレトタイプをやや変更して別の広告キャンペーンを打つが、同じような結果に終わる。そこで新しいアプローチを試みることにし、バードウォッチャーが集まる会合で動画を見せ――大ブーイングを受ける。――残念！　最初からやり直しだ。

こうした結果は、たしかに残念かもしれない。だが考えてみよう。一〇時間ではなく、一〇週間をかけてアプリを実際に開発していたら、もっと残念だったのではないだろうか？

一〇週間は、ざっくり考えて約四〇〇時間の開発努力に相当する。金銭換算すれば数千ドルだ。そんな大きな投資をしたところで、実験の結果も、手に入る市場データもまったく同じなのだ（今回の場合なら、①購入希望者はゼロ、②バードウォッチャーの大半はその手の情報を売買するという概念に拒否反応を示した）。

同じ教訓を学ぶために、一〇時間と一〇〇ドルを使うか、数百時間と数千ドルをつぎ込むか――プレトタイピングは、きわめて割がいい投資ではないだろうか？

大きな投資をする前に、ちょっぴりテストしよう。アイデアとすぐに「深い仲」になる前に、もう少し相手のことを調べてみよう。そうそう「深い仲」といえば、こんなプレトタイピングの手法もある。

プレトタイピングの手法⑥「一夜限り」型

この名前は、特定の場所で一夜限りのショーや舞台を開催するというパフォーミングアートの世界のアプローチにちなんでいる。

名前から察しがつくと思うが、**この型のプレトタイプでは、長期間のコミットメントや投資はしない**。とはいえ、絶対に「一夜だけ」「一回だけ」である必要もない。名前にしばられる必要はない。**プレトタイプによる実験期間は数時間でもいいし、数か月でもいい。重要なのは、比較的短い期間――意思決定するために十分と思えるだけのデータが集まるまで――**

のコミットメントだということだ。

もし意思決定に一〇〇件のデータが必要で、一日限りの単発の実験でそれが集まるようならば、そういう実験にすればいい。一週間かけて実験を複数回おこなう必要があるのなら、一週間かければいい。

この手法に関する私のお気に入りの実践例を二つ紹介しよう。ヴァージン航空とＡｉｒｂｎｂ（エアビーアンドビー）は、どちらも、私がいうところの「一夜限り」型の実験からはじまっている。

〈例〉ヴァージン航空

一九八〇年代のはじめ、伝説的な起業家リチャード・ブランソンは、イギリス領ヴァージン諸島行きのフライトに搭乗する予定だった。当時のガールフレンドとそこで落ち合い、ロマンチックな休暇を楽しむためだ。予約していたフライトが欠航になったとき、彼は、（私たちの大半がそうするように）怒ったり、嘆いたり、航空会社に悪態をついたりはせず、自分のために「一夜限り」の航空会社をつくることにした。

彼は携帯用の黒板を借りると、「ヴァージン航空／ヴァージン諸島行き片道三九ドル」と書き、キャンセルされたフライトに乗る予定だった人々をかき集め、チャーター機の座席を十分埋められるだけのチケットを売りさばいた。

この成功に気をよくした彼は、恋人とのバカンスから帰った後、ボーイング社に電話してみた。「中古の七四七をおたくで販売してますか?」答えはイエスだった。ブランソンは一機買うことにし、一回限りのフライトから、飛行機一機だけの航空会社にプレトタイプをアップグレードした。

最終的にヴァージン航空は、業界トップクラスの人気と革新性を誇る航空会社に成長する。ブランソンのガールフレンドはかなり感動したに違いない。その後、彼と結婚しているからだ。

〈例〉Airbnb(エアビーアンドビー)

二〇〇七年のことだ。のちにAirbnbの共同創業者となるジョー・ゲビアとブライアン・チェスキーの二人は、サンフランシスコで借りているアパートメントの家賃が払えそうになかった。なんとかして、すぐに現金を手に入れなければならない。二人は、自分たちのアパートメントの一室にエアマットレスを三つ置き、宿泊業を営むというアイデアを思いついた(「Airbnb」の「エア」はそこからきている)。そして、あまり寝心地のよくない環境のお詫びのつもりで、手作りの朝食つきにすることにした。

そして二人は、「airbedandbreakfast.com」のドメインを購入し、一ページだけのシンプルなウェブサイトをつくってアパートメントの立地がわかる地図を載せ、とある掲示板サイトで宣伝した。数時間後、その「一泊朝食つきプラン」には三人の客が申し込んでいた——男性が二人と女性が一人で、それぞれ八〇ドルずつ支払うことになっていた。

これこそ「身銭」だろう——まさに言葉どおりの意味でだ。これら三人の宿泊客（Ａｉｒｂｎｂ利用者の草分けともいえる）は、見知らぬ人間の家で別の見知らぬ人間二人と一夜を過ごすことに同意した時点で、かなりの「身銭」を切っていることになる。

もし誰かが、こうしたことをビジネスのアイデアとして語ったら、「想像の世界」での私の意見はこうだっただろう。「絶対に成功するわけない。素性のわからない人間の家に金を払って泊まるなんて、私ならまっぴらだ。どうしてホテルじゃだめなんだ？」これも、私たちの当初の反応や意見、予想がどれだけ的外れになりうるかという格好の例だ。というのも、このごろでは私は旅行する際、Ａｉｒｂｎｂのウェブサイトをまずチェックするからだ。

ジョーとブライアンは、初回のゲストたちが帰った後、これが有望なアイデア——「ライトイット」——だと気づいた。その後の努力が実を結び、Ａｉｒｂｎｂは数年後、時価一〇〇億ドルの企業に成長していた。おそらく二人は家賃が払えるかどうかはもう心配していないはずだ。

〈例〉テスラのポップアップ・ショールーム

車のディーラーを開店するのに必要なのは車を仕入れることだけではない。土地を決め、契約しなければならないので、多額の費用とある程度長期間その場所でやっていく覚悟が必要になってくる。しかし——もし何かしら予期しづらい理由で——その場所が見込み違いだったら、どうすればいいのだろう？　意思決定のためのデータはどのように収集すべきだろう？　こんなとき、「一夜限り」型プレトタイプが役立ってくれる。

テスラは、自社の車を新たな市場にさらし、どれだけ興味をもってもらえるかを検証するために、移動型のポップアップ・ショールームを設計・製作した。このショールームは輸送用コンテナ二基を改造したもので、目的地までトラックで簡単に運べる。そして到着後、これらのコンテナを展開すれば、数時間で長さ約六メートル、幅約一〇メートルのショールームを設営できるのだ。ショールームでは、車をじかに体験できるだけでなく、オンラインで購入予約をして頭金五〇〇〇ドル——かなりの「身銭」——を支払う機会も得られる。このポップアップ・ショールームを利用することで、テスラは各場所での売れ行きを予測するための、きわめて有益な一次データを収集できるのだ——すばらしいアイデアだ！

たとえば、ロサンゼルス広域圏に新規の販売店をオープンしようと同社が考えており、最も売れるエリアがどこかを知りたいとする。他の高級車のディーラーの有無やその繁盛ぶりに注目するのも、手はじめとしては悪くないかもしれない。

しかし、しょせんそれはＯＰＤ（他人のデータ）でしかないし、ベントレーやメルセデス・ベンツ、キャデラック、フェラーリ、ランボルギーニといった伝統的な高級車やスポーツカーを購入する層と、テスラを購入する層が同じだと決めてかかることもできない。テスラは、ショールームをどこに置こうが、多くの関心を呼ぶだろうことはわかっていた。しかし、ある場所に出店した場合に、冷やかしの客と購入を真剣に検討する見込み客の割合がどうなるかは読めなかった。

こうした場合、テスラは次のようなアプローチが取れるだろう。まず既存のデータを用いて半径約三〇キロメートル圏内のなかで絞り込みをおこない、候補地を三か所選び出す。そして、ポップアップ・ショールームに、「一夜限り」型のプレトタイプとｘｙｚ仮説を組み合わせる（この場合のｘｙｚ仮説は、「ビバリーヒルズのショールームを訪れる人のうち、少なくとも〇・五パーセントはテスラ・モデルＳの予約をして前金を払う」といった感じになるかもしれない）。

そうすれば、価値あるＹＯＤ――「高級車のディーラーに向いた地域かどうか」ではなく、「テスラのディーラーに向いた地域かどうか」を示すデータ――を手に入れられるだろう。

「大きな投資」の前に「小さなテスト」

プレトタイピング手法の根底にあるのは「大きな投資をする前に、ちょっぴりテストしよう」ということだ。「一夜限り」型もこのコンセプトを時間という側面に適用しているだけのことである。

検討しているアイデアを一回または数時間（場合によっては、数日間や数週間）試してみる。言い換えれば、長期のコミットメント（大きな投資）をする前には、それに関するXYZ仮説を、まず短期で小規模のxyz仮説で検証してみよう、ということなのだ。

このようなことは、考えてみれば当たり前のことかもしれない。しかし、新しいアイデアに取り組む際、多くの場合はそれと、正反対のことが起きているように私には思える。

事業用のスペースをいきなり長期契約で借り受け、ありとあらゆる長期契約を結んでしまう組織は多い。肝心のアイデアがものになるかどうかを証明するデータもないのにだ。

かくいう私も、以前は同じ過ちを犯していた。事業を立ち上げるときにも、一〇〇坪、二〇〇坪というスペース（スタッフを何十人と収容できる広さ）を長期で借りる傾向があった。たとえ、そのときスタッフはたった数人で、製品の完成までにあと少なくとも一年はかかり、それが売れると考える根拠も「身銭」なしの意見だけだったとしても、だ。

プレトタイピングの手法⑦「潜入者」型

場合によっては、その製品を小ロットで生産するために最低限の投資をし、若干のリスクを負う必要が生じることもある。市場の関心や需要が十分あることを示すデータが十分集まる前に、製品をつくり込んで大量生産するのは大きなリスクだからだ。そんなとき、自分のアイデアを小ロット——たった一個という場合もあるかもしれない——でつくり、他人の営業・販売ネットワークを拝借して反応をテストできたら便利ではないだろうか？

そんなとき役に立つのが、この「潜入者」型プレトタイプだ。その名のとおり、この手法では、自分の製品を、同じような製品を扱う他人の販売環境にしのばせ（実店舗とオンラインストア、どちらでも可能だろう）、「身銭」を切って購入してくれるくらい関心をもつ人がいるかどうか見てみるのだ。

〈例〉ウォールハブ（Walhub）

この手法の発想の原点でもある私のお気に入りの事例は、サンフランシスコの独立系デザイン事務所「アップウェル・デザイン（Upwell Design）」を経営するジャスティン・ポルカノの実験だ。ジャスティンは、革新的な電気スイッチカバーのアイデアを思いついた。スイッチカバーとは、プラスチック製または金属製の四角形のアイテムで、電気スイッチの周囲の壁が指紋などで汚れないようにするものだ。

　彼のスイッチカバー「ウォールハブ（Walhub）」は、フックやポケットがついた機能的なデザインで、カギや傘、懐中電灯などをそこに収納できるのだ。だから、たとえば玄関の近くのスイッチに設置すれば、カギをかけたり、ポストに投函する手紙を入れておいたりできる。また、地下室の入り口近くに取りつけて懐中電灯を入れておけば、停電時の備えになるとともに、地下室のブレーカーをチェックするときにも便利なはずだ。

　発明家の常として、ジャスティンも自分のアイデアに自信があり、他の人々もその便利さを知れば買うはずだと信じていた。また彼は、ＩＫＥＡ（イケア）やホームデポ（Home Depot）のようなホームセンターや家具店は、自分の商品を販売する場所としてぴったりだと考えていた。ただし多くの発明家とは違い、ジャスティンは実に賢いことに、自分の考えが正しいか確認するためのデータを収集しようと考えた。そして、そのためのユニークな方法を思いついた。


　まずジャスティンはｅＢａｙを検索し、ＩＫＥＡの制服（黄色いシャツ）を古着で購入した。次に本物そっくりのＩＫＥＡの商品ラベルと値札を作成し、試作したウォールハブに貼りつけた。最後の仕上げに、北欧ふうのユニークな商品名で知られるＩＫＥＡに合わせ、製品名のつづりを今回のみ「Wälhub」に変更して、よりＩＫＥＡの商品っぽくした。

彼は数人の「共犯者」の手を借りて、地元のＩＫＥＡにもぐり込んだ。ＩＫＥＡの黄色いシャツを身につけ、Wälhubを袋いっぱい携えてだ。本物の店員が周囲にいないことを確認した彼は、持参したWälhubを店内数か所にディスプレイし、来店客の目に触れるようにする――さもＩＫＥＡの商品のように、である。黄色い制服シャツを着た彼は、本物の店員のように見えていたので、他の店員たちにもまったく疑われなかった。新しいディスプレイを同僚が設置しているのだろうと思われたのだ。

その後、彼は少し離れた場所に立ち、自分の製品に人々がどう反応するかを観察した。立ち止まってチェックする人は何人いるだろうか？　何人がレジまで持っていって購入しようとするか（もちろんＩＫＥＡの商品だと思い込んでだ）？　最も関心を引き、最も売れるのは、店内のどのエリア（たとえば、キッチン、リビング、ガレージなど）に置いた場合か？

実験の結果、この製品に人々は興味を示し、ショッピングバッグに入れてレジに向かった人も何人かいた、ということが判明した。しかし当然ながら、ジャスティンがつくったニセの値札はＩＫＥＡのレジでスキャンできず、レジ担当者もその商品に見覚えがなかった。

だが最終的には、買おうとした人々は全員、無料で家に持ち帰れることになった。つまりＷｉｎ－Ｗｉｎ（ウィンウィン）だ。客は無料で製品をもらい、アップウェル・デザインは有益なＹＯＤを収集できた。ジャスティンと彼のチームはその一部始終を撮影し、短い動画にしてＹｏｕＴｕｂｅで公開した（「Upwell Walhub Ikea」で検索してみよう）。

アイデアを検証し、意見からデータに移行するために彼らが取ったアプローチは、お見事としか言いようがない。客たちはWälhubをショッピングバッグに入れ、代金を払うつもりでいた。この潜入者型プレトタイピングによって、ジャスティンはこんなＹＯＤを収集できたはずだ。

- 実験の期間――一時間
- ディスプレイの前を通った人――二四〇人
- 手に取って、レジに向かった人――一二人（五パーセント）
- レジで購入しようとした人――三人（一・二五パーセント）

多少のリスクの裏に「ハイリターン」が待っている

もちろん、ジャスティンがおこなったことには、リスクも覚悟しなければならなかった。大手チェーン店に店員のふりをしてもぐりこみ、売り場を勝手に使って自らの市場調査をおこなった場合にどんなペナルティを科されるかは、私にはよくわからない。もしかしたら、何かしら面倒なことになるかもしれない。または、マスコミの注目を浴びて、製品を宣伝する絶好の機会になるかもしれない（「ウォールハブ」の場合はそうなった）。

しかしありがたいことに、逮捕されるような危険をおかさなくても、まったく同じ手法は使える。たとえばジャスティンは、個人経営のホームセンターのオーナーに若干のお礼（たとえば一〇〇ドル）を渡して、売り場に製品を二週間ほど置いてもらうこともできたはずだ。

締めくくりに、この実験についてのジャスティン本人の談話を紹介しておこう。

「結果は、思ってもみなかったほどの大成功だった。実験をしたことで、市場での需要の有無を確認する際の参考になっただけじゃなく、パッケージングやプライス・ポイント（消費者にとって最も魅力的な価格帯）、店内での理想的な販売場所についてもヒントを得られたんだ。また、調査のためだけでなく、そのときの動画をマーケティングツールとしても活用し、ＹｏｕＴｕｂｅで約七万五〇〇〇回の再生回数を獲得した。そして、公共放送のテレビ局にインタビューされたり、広告業界誌『アドバタイジング・エイジ』でクリエイティブな試みとして絶賛されたりした。アップウェルは六〇〇ドルのマーケティング予算を最大限に活用し、市場調査や売上アップのために役立てられたんだ＊5」

手っ取り早くデータを得る「ネットショップ利用法」

「潜入者」型プレトタイプを実店舗でおこなうのは、非常に楽しくて刺激的な、学びの多い体験だ。数字をトラッキングできるだけでなく、自分の製品に対する人々の反応を観察できるからだ。もし手に取った人々のほとんどが、値段を見てすぐに眉間にしわをよせて、元の場所に戻したとしたら、値段が高すぎると思われたと考えて間違いない。

とはいえ、いまでは多くの買い物がオンラインでおこなわれるようになり、その傾向は高まる一方だ。だから、この潜入者型の実験をネット上でもできるだろうかと思う人もいるかもしれない。もちろんできる！　するべきなのだ。一定の訪問者がいる既存のウェブサイトを利用することは、新たにウェブサイトを立ち上げて訪問してもらおうとするより、ほぼ常に手っ取り早くて低コストの選択肢になる。

その場合にはまず、あなたの製品と同じカテゴリーの商品を買う人をすでに一定数顧客にもつ既存のオンラインショップを見つけ、連絡を取り、自分の製品を試験的に商品として掲載してもらえるように交渉する。

その際、たとえばデータを収集させてもらうお礼に売上を全額提供すると申し出たり、スペースを「借りる」代金として数ドル払ったとしても、その価値は十分あるはずだ。なお、どんなときでもそうだが、この手の実験をおこなうときも、大手企業よりも小規模な店のほうが連絡を取りやすく、融通もきかせてもらえるだろう。

プレトタイピングの手法⑧「ラベル貼り替え」型

既存製品やサービスの見かけを少し変えれば、新製品やサービスのプレトタイピングに使える場合もある。「ラベル貼り替え」型プレトタイプは、そうした事実を活用したものだ。別のラベルを貼るだけで、もとの商品とは異なるものであるように見せかけ、人々が関心をもつかどうかを確認できるのだ。

〈例〉セカンドデイ寿司

数年前、スタンフォードの学部生数人と一緒にランチを食べていたときだ。学生の一人がパック寿司を食べていたことから、こんなやりとりが生まれた。

「その寿司はどうだい？」チーズバーガーをほおばりつつ、学生の一人がたずねた。

「うーん、ランチとしては高いかな？　一〇ドル近いからね……でもまあ、割り箸は無料だし」

「ぼってるよね」別の学生が口をはさんだ。彼女は、ボウルに入ったチリコンカーンを食べている。

「そんなに高くなるはずないのに。基本的に、ご飯の上に魚がちょっとのってるだけでしょ？」

「でも、使う魚はすごく新鮮じゃないといけないから――新鮮な魚って高いんだよ」

チーズバーガーの学生は答えた。

「でも、それほど新鮮じゃなくても、醤油《しょうゆ》とワサビをたっぷりつけるんだから、違いなんてわからないはずよ」チリコンカーン娘が言った。

「寿司を格安で買いたいっていう需要は、かなりあると思うわ」

「そうかもしれない。目に浮かぶもの、『セカンドデイ寿司』。いますぐドメインネームを確保しときなよ」チーズバーガーの学生は笑った。

「まじめな話、悪くないアイデアかも」寿司を食べていた学生が言った。

「もしある程度おいしくて、食べても安全で、十分安かったら、セカンドデイ寿司を買うかもしれない。寿司は大好物で、財布の都合さえ許せば毎日食べたいくらいだ」

「どうかなあ」とチーズバーガーの学生。

「何かの間違いでそのアイデアが現実のものになったとしても、正気の人間なら数ドルのためにそんなリスクはおかさないよ。食中毒か、もっとひどい目にあうかもしれないんだから」

いつもなら、食事どきには仕事の話はしない私だが、このいかにも「想像の世界」という感じのディスカッションを教育の機会にしたいという誘惑に勝てなかった。「ねえ君たち、こういうときのためにプレトタイプがあるんじゃないかな……」その一〇分後、実行計画はできあがっていた。

まず、私たちはこんなXYZ仮説を立てた。

［XYZ仮説］
パック寿司を食べる人間の少なくとも二〇パーセントは、通常のパック寿司の半額程度の価格で売られていれば、セカンドデイ寿司を試す。

その後、スタンフォードのキャンパスに特化して「超ズームイン」をおこない、次のようなxyz仮説を立てた。

［xyz仮説］
今日のランチタイムにクーパ・カフェ（Coupa Café）でパック寿司を買う人間の少なくと

も二〇パーセントは、通常のパック寿司の半額程度の価格で売られていればセカンドデイ寿司を試す。

締めくくりに、一分間の「プレトストーミング（プレトタイピングする方法についてのブレインストーミングを私はこう呼んでいる）」をおこない、私たちは「ラベル貼り替え」型プレトタイプを使うことにした。

適当な商品ラベルをつくって、「セカンドデイ寿司　半額！」と書き、商品棚に並んでいるパック寿司の半数に貼り、ランチに寿司を求める人の何パーセントが選ぶか（数ドル節約するために、食中毒や寄生虫のリスクをおかすか）を検証してみるのだ。

結果はおそらくご想像どおりだ。セカンドデイ寿司のコンセプトは、「想像の世界」ではそれなりに理にかなっているようにも思えたが、実際の世界では違った。実験では、二〇パーセントどころか、誰一人そんな「エサ」に食いつこうとはしなかった。それきり「セカンドデイ寿司」のアイデアは立ち消えになった。

もう気がついているかもしれないが、この実験では、「ラベル貼り替え」型と「潜入者」型のプレトタイプを組み合わせて使っている。既存の商品とパッケージだけでなく、既存の顧客ベースとインフラ（つまり、カフェとそこにランチを買いにくる人の流れ）も活用しているのだ。プレトタイピング手法をいくつか組み合わせることで、実験にかかる費用や時間を劇的に小さくすることができる。

〈例〉書籍の表紙カバー～売れるかどうかは出す前からわかる～

「本は表紙ではわからない」とはいうが、表紙を使って市場データを収集することはできる。私の友人のマイクは、コンピュータ・プログラミングにちなんだジョークが大好きで、

ずっと前から、自分が集めたジョークを一冊の本にしたいと熱く語っていた。大勢のプログラマーが買ってくれるに違いないというのだ。

「ものすごく売れるだろうな。コンピュータおたくへのプレゼントにうってつけだ」と彼は気分よく話し、もうタイトルも考えている。『一〇〇〇〇〇〇〇〇プログラミング・ジョーク』だ(一〇〇〇〇〇〇〇〇とは、数字の二五六を二進数で表したものだ)。

もしかしたら何冊かは売れるかもしれないが、厳密にはどれくらいなのだろう？　出版するための努力と費用に見合うだけの売上が期待できるのだろうか？　プレトタイピングをすることで、彼はこうした問いに答えるのに役立つＹＯＤをいくらか入手できるはずだ。また今回のような場合には、「ラベル貼り替え」型と「潜入者」型のプレトタイプを組み合わせる方法がぴったりだ。

その場合、**まずは彼のあいまいな「市場の反応に関する仮説」をＸＹＺ仮説に変換する必**

要がある。「数字にしよう」の出番だ。

マイクは「ほとんどのプログラマーは買うだろう」と言っていた。しかし、その「ほとんど」を数字にして、「少なくとも五〇パーセント」という表現にしてみると——さすがのマイクもあまりにも楽観的な予測だと気がついた。最終的には、彼はもう少し現実的な数字を採用し、私たちは次のようなXYZ仮説に落ち着いた。

［XYZ仮説］
プログラマーのうち少なくとも五パーセントは、『一〇〇〇〇〇〇〇プログラミング・ジョーク』を自分や友人のために九・九五ドルで購入する。

その後、「超ズームイン」をおこない、地元書店に協力してもらえば検証できそうなxyz仮説にした。

［xyz仮説］
書店「Books Inc」マウンテンビュー店で、コンピュータ際エンスやプログラミング関連の本をチェックしているプログラマーの少なくとも二五パーセントは、書棚に

『一〇〇〇〇〇〇〇〇プログラミング・ジョーク』というタイトルの本を見つけ、手に取って確認する。

もしこのxyz仮説が正しければ、私たちのxyz実験の結果にも反映されるはずだ。言い換えれば、もしコンピュータ・プログラミングの書棚で本を探していて、本書の背表紙を見かけた人々の少なくとも二五パーセントが手に取って中身を確認したとしたら、その五人に一人は買うと考えてもあながち的外れではないだろう――それが本物のジョーク本だったらだ。

私たちはこの仮説を「ラベル貼り替え」型の手法で検証することにした。それらしく見える『一〇〇〇〇〇〇〇〇プログラミング・ジョーク』の表紙カバーを別の本にかけ、書店の棚に並べて、タイトルを見て手に取った人の数をカウントするのだ。

もちろん、その本を開いた人が時点でマイクが近づき、これは実験だと説明する。そして、だまして申し訳なかったと謝り、ちょっとしたプレゼントを進呈する（たとえば、掲載予定のジョークを一〇個ほど印刷した見本ページなど）。または、その本はまだ完成していないが、メールアドレスを教えてくれれば（これは、若干の「身銭」を切ることになる）、完成したら一冊送ると言ってもいいかもしれない。もし実験を何度か繰り返し、結果が自分の仮説と一致するようなら、マイクは正式に本を書きはじめればいいだろう。

組み合わせて使うことで成功がぐんと近づく

ここまで、私が集めた説得力あるプレトタイプの実例を、印象に残りそうな名前をつけて紹介してきた。しかし、これらの手法だけが、プレトタイピングの手法だとは思わないでほしい。あくまでもプレトタイピング的な考え方の一例にすぎないと思ってほしい。あなた自身のプレトタイピングの手法を考案したり、既存の手法をアレンジしたり、組み合わせたりするためのヒントなのだ。

私自身がおこなった例もすでに紹介した（「セカンドデイ寿司」の例では、「潜入者」型と「ラベル貼り替え」型のプレトタイプを組み合わせていた）が、あと二つほど例を紹介しておこう。

〈例〉「ライブデモ」型プレトタイプ

まだ完成していない製品のポテンシャルを視覚化し、相手に理解しやすくするためには、（「ＹｏｕＴｕｂｅ」型でおこなうように）動画をオンラインで公開するというアプローチの他、対象者の前でライブデモをおこなうというアプローチも取れる――かつてテレビが発明される前、店頭でおこなわれていたようにだ。

たとえば、あなたが学生向けのアプリのアイデアをひらめいたとしよう。そのアプリを使うとリラックスして集中力が増し、よりよい心理状態で勉強や試験に取り組める、というものだ。

あなたは、自分自身と友人たちを対象に綿密な調査と実験をおこない、そうしたアプリは売れるだろうと確信した。しかし、数週間、数か月をかけて開発・テスト・公開・宣伝などをおこなう前に、ターゲット市場の何パーセントがそうしたアプリに五ドル払うかを知っておきたい。あなたは、学んだステップを一つずつこなし（つまり、「市場の反応に関する仮説」→XYZ仮説→？？？……そう、「超ズームイン」だ！）、いますぐ検証可能なxyz仮説を立てるところまでいった。たとえばこんな感じだ。

今日のランチタイムに学内の書店に足を運ぶスタンフォード大生の少なくとも一〇パーセントが、アプリ「リラックス＆フォーカス＆スタディ」の三分間デモを見て、発売時に通知をもらうために自分の学内メールアドレス（「stanford.edu」）を教えてくれる。

あなたはその書店の入り口近くにテーブルと椅子を設置し、ちょっとしたショーをはじめる。

「さあお立ち合い、『リラックス＆フォーカス＆スタディ』の威力をぜひその目でお確かめあれ！　このアプリは、科学的に効果が証明されたビジュアルとオーディオの最新技術を活用し、あなたのスマホを不安解消やリラックス、学力増進のためのすばらしいツールに変えてしまいます。所要時間はたったの二分。ここにいる私のパートナー、リサは、心拍数・血圧モニターを装着しています。ご覧のように、現在の心拍数と血圧は、彼女がややストレスを感じていることを示しています――そりゃそうですよね。これだけ大勢の見知らぬ人に見つめられているんですから。でも、見ていてください。リサがイヤホンをつけて『リラックス&フォーカス&スタディ』を立ち上げ、画面に集中すると何が起こるかを。しばしお待ちを……もう少しだけ……ほら！　心拍数が下がりはじめました。血圧もです。どんどん下がっていきます……」

だいたいイメージはつかめたはずだ。

デモの最後に、あなたは見物している学生たちに言う。「このアプリは、まだ完成していませんが、RelaxFocusAndStudyApp.com にアクセスして、あなたの学内メールアドレスを送っておけば、このアプリが発売されたときに定価五ドルのところを一ドルで購入できます」。面の皮の厚さに自信のある人なら、その場で一ドル――もっと大きな「身銭」――を先払いしてもらえるかどうか聞いてみてもいいだろう（もちろん、必要なら返金する用意ができている場合だけだ）。いうまでもないが、このデモをおこなうためには、そのアプリの実動バージョンができている必要はない。リサがリラックスしやすくなるような音楽が入った動画を見つけ、とりあえずそれを使えばいい。

〈例〉「ひと口サイズ」型プレトタイプ

すでに私たちは、「ニセの玄関」型や「ラベル貼り替え」型といったプレトタイピング手法を用いてリスの観察ガイドやマニアックなジョーク本への需要を確認してきた。しかし、もう少し野心的な文学作品を出版したかったらどうだろう？　文章としてよく書けているのはもちろんだろうが、小説として成功するためには、興味深いストーリーや魅力的なキャラクターで読者をひきつける必要がある。

次頁で説明するのが「ひと口サイズ」型プレトタイプだ

多くの出版社に断られた『ハリー・ポッター』

ほとんどの作家は、起業家や発明家の場合と同じで、自分が考えたストーリーや登場人物はそのままで十分に魅力的だと思い込んでいる。しかしほとんどの場合が、それらのストーリーや登場人物は日の目を見ずに終わる。著作権エージェントや出版社を説き伏せ、自信作を読んでもらえたとしても、多くの場合彼らは「没」を言い渡すし、運よく市場に出たとしても、ほとんどの本は商業的に失敗する。

編集者の判断は、専門家としての意見と市場理解にもとづくものなのだ。しかし、史上最も売れた小説のいくつか（『ハリー・ポッター』から『白鯨』まで）は、多くの出版社に断られたすえに日の目を見たものだ。

では、本が売れる確率を高めたい場合、小説家や出版社はどんなことができるだろう？

それが、プレトタイピングなのだ。二、三章のサンプルを書き、ターゲット読者の一部に見せ、ＹＯＤを収集する。つまり作品の抜粋を試し読みしてもらい、もっと読みたい人には「身銭」を切ってもらうというアプローチだ。

こうしたことをおこなうための方法は数多くある。最近の私のお気に入りはアンディ・ウィアーの例だ。

火星に一人取り残された宇宙飛行士を描いた小説『火星の人』（邦訳：早川書房）の著者であるアンディは、もともとはソフトウェアエンジニアで、ＳＦ小説は趣味で書いていた。彼は趣味で書いていた小説を著作権エージェントや出版社に持ち込むも、ダメ出しばかりをくらっていた。

業を煮やした彼は、自分のウェブサイトで『火星の人』を一章ずつ無料公開することにした。火星に取り残された宇宙飛行士のその後が気になってウェブサイトを再訪する人が続出し、読者はどんどん増えていった。最終的にそうした読者は数千人にも達し、たんに読むだけでなく、校正や事実確認を無料でおこない、今後の展開まで提案するようになっていた——これらはすべて「身銭」の提供と考えてよく、市場の反応を確認するための当面の指標としてはいうことなしだろう。

そのうえ、この物語には続きがある。一部のファンからの要望に応え、ウィアーは『火星の人』の電子書籍（Kindle）版をアマゾンで販売するようになった。彼は無料にしたかったらしいが、ごくわずかな「身銭」を要求せざるをえなかった。アマゾンで扱ってもらうための最低価格は九九セントだったからだ。発売から三か月間で、『火星の人』は三万部売れた——アマゾンのSF小説部門のベストセラーにランクインするのに十分な部数だ。

こんなYODがあれば、著作権エージェントや出版社の門をたたく必要はない。向こうから来てくれる。数週間もたたないうちに、ウィアーは担当エージェントをもち、紙版の本を発行する出版社も決まった。本を映画化したいという大手映画スタジオまで現れた。ご存じのように、本も映画も超大ヒットとなった。

出版社の人にさんざんダメ出しされた『火星の人』は「ライトイットット」だったのだ。

これまで見てきたように、プレトタイプはさまざまな形をとりうる。しかし、プレトタイプと見なされるためには、三つの重要な条件を満たす必要がある。

1. 「身銭」を伴ったYODの収集につながること。
2. すばやく実践できること。
3. 低コストで実践できること。

しかし、このような条件にこだわったとしても、プレトタイピング手法やその組み合わせは数多くある。そこから自分に合ったものを選び出さなければならないのだ。そうなると、こんな質問が浮かんでくる。

- どのプレトタイプを使うかをどのように決めるのか？
- 実験は何種類おこなうのか？
- データはどれだけ収集すればいいのか？
- テストはいつまでやるのか？

こうした問いに答えるために必要なのが、最後のツールセットにあたる分析ツールの数々だ。次の章では、それらを紹介しよう。

Chapter 6

データ分析の精度を上げろ

最終的な意思決定のためにデータの意味を正確に読み取る方法

ここまで私たちは、「XYZ仮説」や「超ズームイン」といった思考ツールを学び、あいまいで漠然としたアイデアを、客観的で明快な、検証可能な仮説に変えることができるようになった。

また、「メカニカル・ターク」型や「ニセの玄関」型などのプレトタイピング手法を通し、自分の仮説をすばやく低コストで検証し、有益なデータを収集できるようにもなった。

ただ、これで終わりではない。有益なデータは、自分が実現しようとしているアイデアにどう影響があるのか、きちんと分析し、意思決定の判断材料にしなければならない。

ここでは、プレトタイピングで集めた有益なデータの意味を的確に読み取り、意思決定に役立てられるようになる分析ツールを紹介していく。

そのアイデアに人は「身銭」を切ってくれるのか?

自らが起業家や発明家である場合や、新たなアイデアに投資する場合には、いやおうなしに「身銭」を切ることになる。それも通常はかなり多くだ。

たとえば、マークという男性が新しいビジネスを立ち上げるため、条件のいい仕事を辞め、自宅を二重抵当に入れ、週八〇時間働こうとしているとする。こうした場合、彼はさまざまな「身銭」を切っていることになる。金銭(安定した収入を捨て、ローンまで組む)、時間(週八〇時間の労働)――かなりの賭けだ。

一方でマリーという女性は、自らの発明に投資するよう勤め先の会社を説得し、そのプロジェクトのリーダーに収まった。この場合、自己資金は使わずに会社から給料をもらって活動することになる。ただし、「身銭」を切っていないわけではない。万一、期待外れの結果になれば、自分の評判や今後の昇進・昇給に悪影響をおよぼしかねないからだ。ベンチャーキャピタリストやエンジェル投資家の場合も同様だ。何かのアイデアに投資すると決める際には、資金や時間だけでなく、業界での自分の評判までもリスクにさらしている。

もしあなたが起業家や発明家、新たなアイデアへの投資家の場合には、多少の(通常はかなりの)「身銭」は切らざるをえない。こうした「身銭」は、本気で取り組むというあかしになり、必要な準備が整い、困難があっても投げ出さないという宣言にもなる。つまり、かかわる意思や真剣さ、用意の度合いを示すすべになる。

ただし、市場が十分関心をもち、その製品のターゲットとなる人たちが実際に「身銭」を切ると証明されるまで、あなた自身の「身銭」を必要以上につぎ込んではいけない。

重要なのは相手の意見や予想ではない。あなたの製品に対し、ターゲットとなる人たちが切ってくれる「身銭」なのだ！

「身銭」を切ってくれないかぎり、その相手はお客（またはユーザー）候補ではない。たんなる観客だ——彼らには、何一つ失うものはない。それどころか、あなたやあなたのアイデアがトラブルに見舞われれば、大喜びで見物するかもしれない。

アイデアのポテンシャルや成功率を見きわめるときは、客観的なデータにもとづくのが鉄則だ。**データはいつも、何らかの「身銭」を伴っていなければならない。**

「どのくらい身銭を切ってくれるか」を測る実験

しかし「ターゲット市場からの身銭」と見なせる条件とは、具体的には何なのか？　また、どれくらい必要なのか？

こうした重要な問いに答えるため、私が開発したのが「身銭測定器」だ。これを使えば、ターゲット市場からのさまざまな反応を「相手が切った身銭」という点から評価できる。このツールは、製品や市場ごとにカスタマイズ可能だ。

たとえば、私が「トルテロマティック」という二五〇ドルほどの家庭用パスタ製造マシンを開発することを検討していたとしよう。これを使えばトルテリーニ（詰め物入りのパスタの一種）を誰でも簡単につくれる。小麦粉と水、卵、塩、お好みの詰め物を入れて二分待てば、完璧な形のできたてトルテリーニがどんどん出てくる。夢のようじゃないか！

「想像の世界」（と食欲の世界）では、このアイデアはかなり有望だった。友人や同僚の多くが気に入ってくれ、絶対に買って自宅で使いたいとのことだった（そうだろう、そのはずだ！）。

ただしこうしたマシンを設計・開発・製造するには、それなりの投資が必要になる。プロトタイプをたった一つ製作するだけでも、おそらく何か月、何万ドルとかかる。つまり、かなり多くの「身銭」を切ることを私は覚悟しなければならない。それだけの投資をするためには、ターゲット市場からの意見や約束よりも確実な根拠が要る。つまりYODを収集し、どんな「身銭」を切ってもらえるかを実際に確認しなければならない。

今回の場合、私のお気に入りのプレトタイピング手法である「メカニカル・ターク」型を使うこともできる。まず、ダミーの「トルテロマティック」をテーブルの上に置く。テーブルの下には共犯者をひそませている。あらかじめつくった、バケツいっぱいのトルテリーニをたずさえて（テーブルクロスがかかっているので、外側からは見えない）。

テーブル上の（実際には機能しない）「トルテロマティック」のボタンを私が押すと、共犯者は機械音を再生し、トルテリーニをマシン経由で上に押し出していく――こうしたプロトタイプを使ってYODを収集することは、ライブ形式・オンライン、どちらでも可能だ。

しかし、「トルテロマティック」が動くところを見せた後、人々の反応をどのように「身銭ポイント」に変換したらいいのだろう？

そんなときに役立つのが「身銭測定器」だ。たとえば今回の場合なら、私はこんなふうに設定する。二一九ページの表を見てほしい。

「意見」も「いいね！」や「リツイート」もまったく価値がない

ご覧のように「身銭ポイント」への換算に関しては、私は容赦なく差をつける。たとえば意見は、一般人の意見でも、いわゆる専門家の意見でもポイントはいっさいなしだ。

それはなぜか？　たとえ専門家といえども、一般人以上によく知っているわけではない場合も多いからだ。

たとえば、フォード社最大の商業的失敗の一つである「エドセル」を開発したのは、自動車業界で数々の成功を収めてきたエキスパート集団だった。同様に、インターネット分野の

反応の種類	例	身銭ポイント
意見 （専門家＆それ以外）	「すばらしいアイデアだ」 「そんなの誰も買わないね」	0
激励または制止・反対	「ぜひ実行すべきだよ！」 「いまの仕事は 辞めないほうがいい」	0
使い捨てや嘘の メールアドレス （または電話番号）	bogusemail@spam.com (123)555-1212	0
ソーシャルメディアでの コメントや「いいね！」	「つまらないアイデア」 「いいね！」／「よくないね」	0
調査やアンケート、 インタビュー （オンライン＆オフライン）	「この製品をどれくらい 買いたいと思いますか？ 5段階評価で教えてください」	0
有効なメールアドレス （製品関連の情報やお知らせが 届くと承知で相手がくれた場合）	「製品に関するお知らせを ご希望の方は、メールアドレス を入力してください：　　　」	1
有効な電話番号 （製品関連の連絡があると 承知で相手がくれた場合）	「製品に関する詳しい説明を ご希望の方は、電話番号を 入力してください：（　）　-　」	10
相手の時間	30分間の 製品デモを見学する	30 （1ポイント ／分）
現金デポジット	予約リストに名を連ねる ために50ドルの デポジットを支払う	50 （1ポイント ／ドル）
注文	製品発売時に初回生産される 10ユニットの1つを手に 入れるため、250ドルを支払う	250 （1ポイント ／ドル）

製品開発にかけてグーグルほど優秀な企業も少ないはずだが、そんなグーグルでさえも多くの失敗をおかしている。「グーグル・ウェーブ」や「グーグル・バズ」なども、その典型的な例だ。

一方、専門家に「見込みなし」と言われていたアイデアが爆発的にヒットした、という例も多い。たとえば前出の『ハリー・ポッター』も作家J・K・ローリングが最初に持ち込んだときには、世界有数の出版社からのきなみ出版を断られている。その後、「まあ試しに出版してみようか」という編集者が現れ、ようやく出版にこぎつけられたのだ。だからこそ、意見は——どんな相手による、どんな意見でも——この測定器ではゼロ評価にした。

ソーシャルメディア上の「いいね！」や「よくないね」、ツイートやリツイート、コメントなどもすべてゼロ評価にしている。調査やアンケートについても同じだ。とくに気に入ってもないのに惰性で「いいね！」をクリック（またはコメントやツイート）することはよくある。「身銭」がなければ、ポイントもゼロだ。

「メールアドレス」や「電話番号」の提供は最低限の「身銭」

今回の例に挙げた反応のなかで、私がデータと見なして最少のポイントを与えているのは有効なメールアドレスだ。それも、その製品に関する情報やお知らせ、キャンペーン情報が送られてくると承知のうえで相手がくれたものに限る。

ちなみに「有効な」とは、相手が定期的にチェックして利用している本物のアカウントで、しかたなく教える使い捨てアカウントではないことを意味する。私の経験では（おそらく、あなたの経験でも同じだろうが）、ほとんどの人々はメインのメールアドレスは気軽に渡さず、限られた相手だけに渡すようにしている。だから少しは価値があると考えていい。

それが、私が有効なメールアドレスを――その特定の製品に関して連絡されると承知のうえで、相手が自発的にくれた場合に限り――「身銭」と見なす理由だ。ただしポイントは最低限、つまり一ポイントだ。

一方、有効な電話番号には、一〇ポイントの価値があると見なしている。メールアドレスと電話番号とでは、通常は教える場合の気軽さが格段に違うからだ。

また、相手の時間は一分間一ポイントで換算している。つまり、もし新製品のプレゼンテーションを三〇分間聞いてもいいと誰かが思ってくれるなら、三〇ポイント獲得できる。本当に関心がある、というしるしだからだ。

最後に残ったのが、究極の「身銭」、それはお金そのものだ。金銭関係はシンプルにするのが私のモットーなので、ここでは一ドル一ポイントでカウントしている。

このツールをあなたが使うときには、ドルの代わりに自国の通貨を使うなど、自分の考えや市場に合わせて自由にアレンジしてほしい。ただし、あまり厳密にやる必要はない（たとえば、メールアドレスは〇・四ポイント、電話番号は三・七ポイントなどとする必要はない）。むしろ一〇、一〇〇といった感じで重要度の大きさに注目し、自分の直感と経験をもとに価値判断してみよう。「身銭」が切られているかどうかのほうが、細かい数字の差よりもはるかに重要だ。

各反応の相対的な価値を決めるときには、正直で客観的な、妥当な判断をするよう心がけよう。たとえば「五〇ドルのデポジット」は、「有効なメールアドレス」よりもはるかに価値があるはずだ。

「質」を重視したデータを取れ

私はこの「身銭測定器」を、学生やクライアントが「データ」を持って相談にくるたびに活用している。

たとえば、AチームとBチームという二つのチームがあなたに相談しにきたとしよう。どちらの相談も新製品のアイデアに関するものだ。Aチームは、自分たちの製品がいかに役立つかという派手な動画デモをYouTube上で公開しており、それをあなたに見せながら、

「身銭」なしの反応を自慢げに語る。

「一週間で再生回数は一四万回に達し、『いいね！』も二万個集まりました。「よくないね」は一〇〇個だけです。コメントも『最高』『楽しみ！』『すばらしいアイデアだ』等々の好意的なものばかりで……」

Bチームにも動画デモはある。しかし再生回数や「いいね！」、コメントについて語る代わりに、こんなデータを示した。

「私たちは、製品の機能を具体的に知ってもらうために二分間の動画を作成し、その動画を視聴してもらうためのオンライン広告に四〇〇ドル費やしました。一週間の実験期間中、動画を最後まで視聴した人は約八〇〇〇人でした。動画の最後に、製品発売時に知らせてもらいたい人はメールアドレスを提供できるようにしたところ、一二〇人分のメールアドレスが集まりました。ただし、うち四〇人分は確認が取れなかったため、八〇人分のみを有効と見なすことにしました。一週間後、この八〇人にフォローアップのメールを送り、製品のプレリリース（ハンドメイド）版を早期導入者割引で通常の半額（一二五ドル）で買える機会を提供しました。その結果、二〇件の注文がありました」

先ほどの「身銭測定器」を使った場合、Aチームのポイントはどれだけだろうか？　簡単だ。まったくなし、ゼロだ！　素人目には、Aチームの結果は、Bチームよりも数では勝っているように見えるかもしれない（たとえば再生回数は、Aチームは一四万回、Bチームは八〇〇〇回だった）。しかし、Aチームの報告内容は、適切なYODとは呼べない。一四万回の再生回数を獲得するためにどれだけの手間ひまや広告費をかけたかということすら、Aチームは触れていない。

一方、Bチームは、数字だけでなく状況説明もしており、数字を評価する際に参考にできる。何よりも、彼らのYODには「身銭」が含まれている。

・広告費四〇〇ドル→再生回数八〇〇〇回＝〇ポイント（なお、この再生回数は身銭という観点では価値はゼロだが、動画を視聴してもらうコストを考える際の足がかり〈〇・〇五ドル／回〉としては意味があるかもしれない）
・再生回数八〇〇〇回→八〇人分の有効なメールアドレス＝八〇ポイント
・八〇人分のメールアドレス→二〇件の注文（一個一二五ドル）＝二五〇〇ポイント

もちろん、Aチームのアイデアが本当に「ライトイット」で、大ヒットする可能性は十分にある。派手な数字のオンパレードは真実を伝えているのかもしれない。しかし、私を納得させたいなら、本当の意味でのデータ――「身銭」を伴ったYOD――を見せてもらう必要がある。これが現実なら、本書を一冊進呈して、何らかの「身銭」をもらってまた来るようにアドバイスするところだ。

一方、Bチームが語った内容は、本当の意味でのデータといえる実用的なものだった。四〇〇ドルの広告費が、八〇人分の有効なメールアドレス（一メールアドレス当たり五ドル）と総額二五〇〇ドルの注文につながった。私なら、もう数回実験を繰り返そうと思うだろう（その理由と方法は、この後すぐに説明する）。だが、なかなか幸先のいいスタートだ。

ひとくちにデータと言ってもさまざまで、たとえYODでも同じことだ。Aチームは「量」を重視し、Bチームは「質」を重視した。**データに関しては、「量」よりも「質」が重要になる。そしてデータの質の高さを示すものとして、「身銭」の多さに勝るものはない。**

集めたデータの何を見て「成功する」と「失敗する」を判断するのか

「身銭」を伴ったYODを収集することは、私たちの「市場の反応に関する仮説（MEH）」を検証するために欠かせない最初のステップだ。しかし、たんにデータをじかに収集するだけでは十分ではない。
収集したデータから価値を引き出し、十分な情報にもとづいた合理的な意思決定に活用するためには、そうしたデータを解釈・評価できると同時に、ほかの関連データと比較しつつ、全体も俯瞰できる方法が必要になる。

たとえば、コレステロール値とは二つの値のたんなる比率で、血液一デシリットル当たりコレステロールが何ミリグラム含まれているかを示すにすぎない。かりにあなたが年一回の定期健診を受け、血液検査の結果、総コレステロール値が三〇〇だったとしても、数字だけでは、それほど意味があるように思えないかもしれない。

しかし医師がチャートを取り出して、こんなふうに言ったらどうだろう。「統計的には、総コレステロール値が三〇〇の人は、二〇〇の人よりも心臓病で死ぬ確率が四・五倍高くなります」。チーズバーガーはしばらく控えよう、とあなたも思うかもしれない。

TRI（ザ・ライトイット）メーターは、収集したYODをなるべく客観的に解釈できるように私が開発した視覚的な分析ツールだ。もっと端的にいえば、アイデアが市場で成功する確率を予想するための評価システムだ。といっても、それほど専門的でも複雑でもない、シンプルなものだ。

二二七ページの図は、プレトタイプを用いた実験を四回おこなった後のTRIメーターを表している（各回の実験は、右側の白矢印で表されている）。ご覧のようにTRIメーターは五段

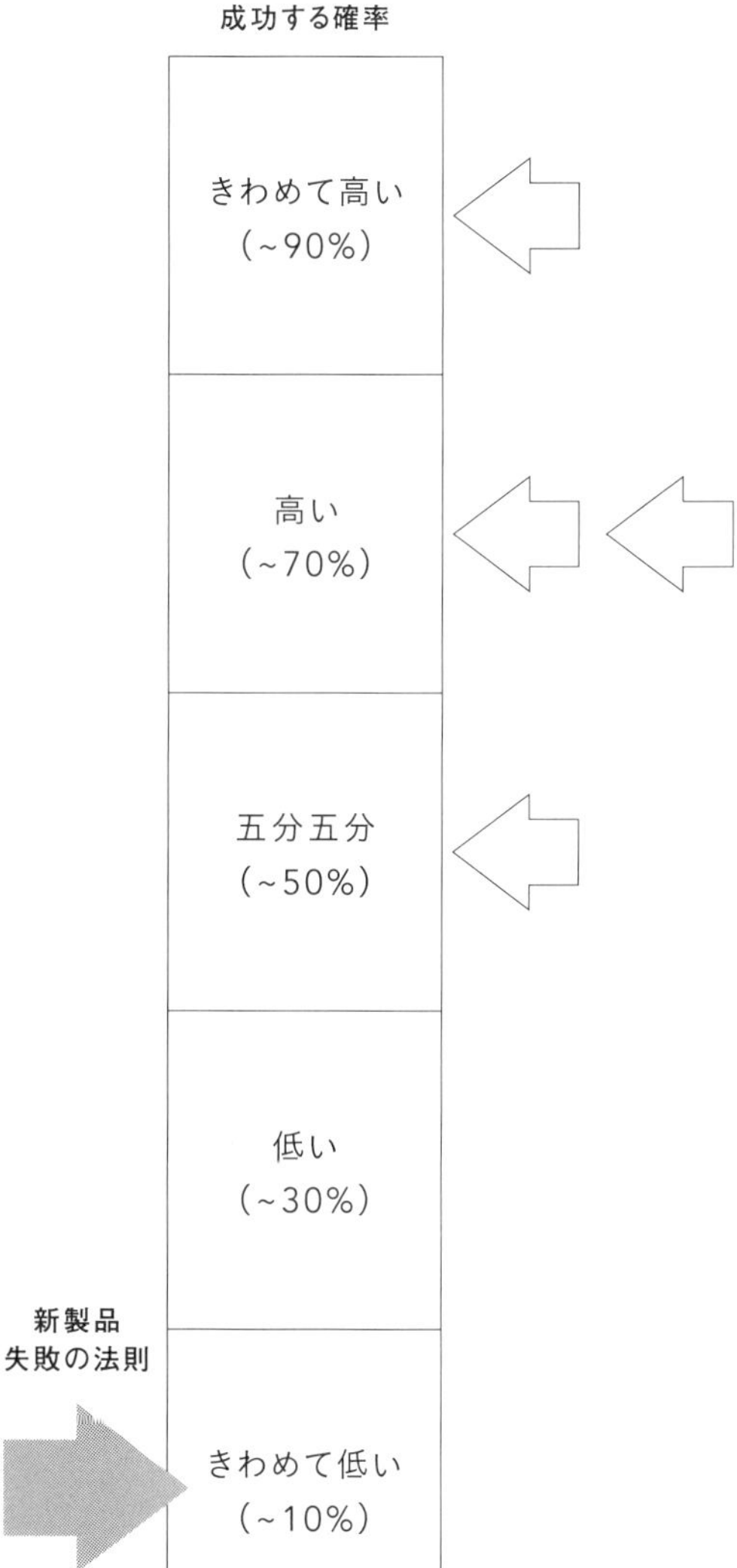
成功する確率
きわめて高い
(~90%)
高い
(~70%)
五分五分
(~50%)
低い
(~30%)
新製品
失敗の法則
きわめて低い
(~10%)

功する確率は一〇パーセント）」から「きわめて高い（成功する確率は九〇パーセント）」までの五つの段階に分かれている。こうした段階は、あなたのアイデアが「ライトイット」である確率を表している。

図の左下にある、不吉な感じがする大きめのグレーの矢印は「新製品失敗の法則」と書かれ、成功する確率は「きわめて低い」を指している。この矢印は「ほとんどの新しいアイデアは市場で失敗する」という厳然たる事実を常に忘れないために置いてある。これを目にするたび、「新製品失敗の法則」の呪いをはねかえせるくらい入念に実験をおこない、YODを十分に収集しているかを確認してみてほしい。

右側にある小さめの白矢印は、一回ごとのプレトタイピング実験の結果を表しており、成功する確率という観点で位置づけられている。こうした位置づけをするためには、その実験結果が自分の仮説をどれくらい裏づけるかを見きわめる必要がある。その方法の一つは、実験をおこなってデータを収集したのち、次のような質問に答えてみることだ。

- もしこのアイデアが市場で成功する運命にあるとしたら（ここでは、アイデアは適切に実現されるという前提に立つ）、今回のプレトタイピングがこうした結果になる確率はどれくらいだろう？

思い出してみよう。プレトタイピング実験とは、「市場の反応に関する仮説（ＭＥＨ）」にもとづく特定のｘｙｚ仮説を検証するためのものだった。だから、この質問は結局、こんなふうに聞いていることになる。

●もし私たちのＭＥＨが正しいとしたら、今回のプレトタイピング実験がこうしたデータをもたらす確率はどれくらいだろう？

この質問に対するあなたの答えをＴＲＩメーターに位置づける際、参考にできる目安の一つを紹介しよう。

●データの内容が仮説の予想を**大幅に上回る**場合、矢印は「きわめて高い」を指すようにする。
●データの内容が仮説の予想と**一致するか、やや上回る**場合、矢印は「高い」を指すようにする。
●データの内容が仮説の予想を**やや下回る**場合、矢印は「低い」を指すようにする。
●データの内容が仮説の予想を**大幅に下回る**場合、矢印は「きわめて低い」を指すようにする。

- データが示す内容が**あいまいだったり、解釈が難しかったりする**場合、または**データが間違っている恐れがある**場合、矢印は「五分五分」を指すようにする。

〈例〉セカンドデイ寿司

こうした説明は実際よりややこしく聞こえるので、先ほど紹介した「セカンドデイ寿司」を例にTRIメーターの使い方を説明しよう。まずは、XYZ仮説があることを確認しておく必要がある。これをもとに「超ズームイン」をおこない、一連のxyz仮説を立てていくからだ。

覚えているだろうか。セカンドデイ寿司については、こんなXYZ仮説を私たちは立てていた。

パック寿司を食べる人間の少なくとも二〇パーセントは、通常のパック寿司の半額程度の価格で売られていれば、セカンドデイ寿司を試す。

そこから「超ズームイン」をおこない、当初のxyz仮説をこんなふうに設定した。

今日のランチタイムにクーパ・カフェ（Coupa Café）でパック寿司を買う人間の少なくとも二〇パーセントは、通常のパック寿司の半額程度の価格で売られていればセカンドデイ寿司を試す。

このｘｙｚ仮説を検証するため、私たちは「ラベル貼り替え」型のプレトタイピング手法を使った。「セカンドデイ寿司　半額！」と書いたラベルを、陳列棚に並んだパック寿司の半数に貼り、何人が選ぶかをカウントしたのだ。たとえば、棚にはパック寿司は一〇〇パックあり、その半分の五〇パックに「セカンドデイ寿司」というラベルを貼ったとする。この実験で収集したい最も重要なデータは、パック寿司全体の販売数のうち、セカンドデイ寿司が売れた割合はどれくらいだったかだ。言い換えれば「ランチに寿司を食べようと思った人のうち、何人がセカンドデイ寿司を選んだか？」ということだ。

かりに、この日のランチタイムに売れたパック寿司が全部で四〇パックだったとしよう。そのうち何パックが、私たちがラベルを貼り替えた「セカンドデイ寿司」だったのだろう？考えられるシナリオをいくつか挙げてみよう。

こうした結果をＴＲＩメーター上に位置づけると、次のようになる。

結果	販売数 （パック寿司全体の販売数 ＝40パック）	全体における 割合（%）
A	0	0
B	2	5
C	6	15
D	8	20
E	16	40
F*	2	5
G**	30	75

*この実験がおこなわれた日、『スタンフォード・デイリー』[訳注：スタンフォード大学内で発行される学生新聞]で魚介類を生で食べるリスクに関する記事が掲載された。
**この日の購買客には、キャンパス訪問中の日本人学生グループ（130人）も混じっていた。

〈結果A（総販売数の〇パーセント）〉xyz仮説によれば八パック売れるはずが一パックも売れなかったのだから、答えは簡単だろう。矢印が指すのは「きわめて低い」になるべきだ。

〈結果B（総販売数の五パーセント）〉これは若干ましだ。少なくとも二人が、やや鮮度の劣る寿司を買ってくれた。それでも仮説で予想した二〇パーセントよりはずっと低い割合だ。ビジネスモデルや期待値を大幅に修正するつもりがないかぎり（たとえば、ものすごく貧乏だが寿司が食べたくてたまらない、ごく少数の命知らずにターゲットを絞るなど）、結果Bの矢印も「きわめて低い」を指すべきだろう。

〈結果C（総販売数の一五パーセント）〉今回の結果は、このアイデアが通用する市場が何かしらあることを示しているのかもしれない。しかし、その市場の規模は現在の仮説に沿ってビジネスを成功させられるほど大きくはなさそうだ。ビジネスモデルや期待値を変更するつもりがないかぎり、矢印はさしあたり「低い」にしておこう。

〈結果D（総販売数の二〇パーセント）〉ごく限られた規模の実験だが、仮説を裏づける最低ラインには達している。これは「高い」にしていいだろう。

〈結果E（総販売数の四〇パーセント）〉予想をはるかに上回る割合だ。「もしセカンドデイ寿司が〝ライトイット〟だったとしたら、パック寿司が四〇パック売れたときに一六パック売れる確率はどれくらいだろうか？」と質問されたら、自信をもって「きわめて高い」と答えられるはずだ。

〈結果F（総販売数の五パーセント）〉残念な結果ではあるが、このデータをどこまで信じるべきかはよくわからない。というのも、この日の学内新聞には、魚介類を生で食べるリスクを取り上げた特集記事が一面に掲載されていたからだ。だから、この結果は「五分五分（判断不能）」と見なすか、カウントしないかにする。

〈結果G（総販売数の七五パーセント）〉夢のような結果だ。しかし客観的に考えると、この日、日本から来た高校生の一団が、大学見学の途中にカフェに寄っていたという事実は無視できない。もしかしたら、あの高校生たちは「セカンドデイ寿司」のリスクをきちんと理解していなかったかもしれない。ランチに使える手持ちの現金が少なかった可能性もある。どちらにせよ、こうしたことはめったにないはずなので、この結果は無視したほうがいいだろう。自分のアイデアを史上最高と思いたい気持ちはわかるが、自らをいつわらないように注意しよう。

一回の実験で判断することがばかげている理由

ＴＲＩメーターの目盛りを理解して、成功する確率にもとづいて収集データを位置づける方法がわかったら、ある重要な問いに答えなければならない。それは「どれだけ多くのデータを集めればいいのか？」ということだ。最初にはっきりいっておくと、一度きりの実験では十分ではない。どれほど明らかで決定的な結果が出たように思えたとしてもだ。

こんなふうに考えてみよう。もし、先ほどのセカンドデイ寿司の例で、最初の実験の結果が結果Ａ（〇パーセント）だった場合、そのアイデアをあきらめるべきだろうか？　あるいは、結果Ｅ（四〇パーセント）――予想の倍の売れ行き――が出た場合、すべてをなげうって、セカンドデイ寿司を立ち上げるためにフルタイムで突貫工事をはじめるべきだろうか？

たとえば、あなたが職場の採用面接をするとしたら、一つだけ質問をして、その答えだけにもとづいて最終的な決断をするだろうか？　答えは「否」なはずだ。

同じように、たった一回のプレトタイピング実験だけでは、アイデアが成功するかどうか確実に判断することはできない。たとえ、その一回の結果が、信憑性《しんぴょうせい》が高そうな一目瞭然の内容だったとしてもだ。

なぜなら、実験にひずみを生じさせる要素は山ほどあるからだ。データの質が損なわれた恐れがあると気づければ、問題の部分を除外したり、割り引いたりもする必要がある。たとえば「セカンドデイ寿司」の場合なら、寿司の安全性に関する悪夢のような新聞記事の影響や、日本からの訪問団による特需について考慮するなど――データの質を損ないかねない要素をすべて把握することは不可能だからだ。

最低でも三～五種類の実験をせよ

自分の実験結果に自信をもつためには、プレトタイピング実験を数回繰り返して、複数のｘｙｚ仮説を立証する必要がある。では具体的には何回実験すべきなのか？　これは、プロポーズする前に何回デートすべきかと聞くようなものだ。職場で人を採用する際、重要なポジションのオファーを出す前に候補者にいくつ質問するかと言ってもいい。こうした質問の答えには、さまざまな要素がかかわってくる（たとえば、これまでのデートでの状況、募集ポジションの重要度など）。しかしデートや質問の回数は、一回や二回よりは多くなるべきだろう。

プレトタイピングの場合も同じで、その答えは数多くの要素に影響される。その一部を挙げておこう。

- そのアイデアに、どれくらいの投資をする気があるか？
- うまくいかなかった場合、どれだけの時間や資金を失うことに耐えられるか？
- あなたが決断をするには、どれだけの確信が必要か？
- ここまでの実験結果は、どれくらい決定的な内容か？

いちおうの目安として、最低でも三〜五種類の実験を計画・実施する必要があるといっておこう——また、アイデアを実現するためのリスクや投資がとくに大きい（たとえば、仕事を辞める、社運を賭けるなど）場合には、もっと多く必要だろう。実験の回数は、費やす投資と、失敗した場合に予想される状況——あなたが支払う「身銭」の大きさ——に見合ったものでなければならない。

あなたのアイデアが成功するまでの道のり

各回の実験結果をＴＲＩメーターにどう位置づけるかはこれでわかったはずだ。ここからは、総合的な結果をどのように読み取り、次なるステップを決めていくかを考えてみたい。

今回も例を使って、当初のアイデアから「ライトイット」にいたるまでの道筋をたどってみる。ボクシンググローブとマウスピースを身につけておいてほしい。これから私たちはリングにのぼり、「失敗」という怪物と数ラウンド相まみえることになるからだ。

〈第一ラウンド〉いきなり顔面パンチをくらう

まずは最もよくあるシナリオからはじめよう。アイデアの最初のバージョン〈アイデア1〉に関して実験を二回おこなった後には、かなり幸運な人でもないかぎり、ＴＲＩメーターは成功する確率が一〇パーセント以下の「きわめて低い」を示しているはずだ。

経験のない人は、思いがけないパンチにショックを受け、どうしていいかわからなくなるかもしれない。しかし、こうした結果が出ても、やる気や自信を失わないようにしよう。

まずはいいたい。ようこそ、あなたも仲間だ！　何の仲間かって？　自分のアイデアは絶対に――一〇〇パーセント間違いなく――「ライトイット」だと思い込んでいたのに、「失敗」という怪物にその考えを容赦なく打ち砕かれてしまった大勢の人の一人だということだ。

次に考えてみてほしい。ではそのアイデアを検証せずに実行していたら、どんなに悲惨な結果が待っていただろう？　何か月もの時間と多額の費用をかけて開発・宣伝したあげく、もとから「ロングイット」のアイデアだったと判明する――そんなKOパンチをくらったら、病院行きは確実だ。

しかし、ありがたいことに、こうした事態を予防するための思考ツールやプレトタイピング手法、分析ツールが私たちにはある。いま、ほんの少し嫌な思いをすれば、後々の大ケガを予防できるのだ。あるバージョンの成功率が低いとすばやく簡単に学べれば、その後の対策に使える時間やリソースは十分残る。そうすれば、もとのアイデアを調整することもできれば、別バージョンであと数ラウンド戦うこともできる。

TRIメーターから判断して、この新製品のアイデアが市場で失敗する方向に向かいつつあることは認めざるをえない。第一ラウンドは「失敗」という怪物が勝利した。今回のバージョンにとくに思い入れがあるのなら、まったく同じアイデアを引っ提げてリングに戻り、あと数回実験してみてもいいだろう――いちおう念のためにだ。しかし、もっと合理的で痛みの少ないアプローチは、設計段階に戻って、実験から学んだことをもとにアイデアを微調整することだろう。

〈第二〜四ラウンド〉打って打たれて

私たちは、もとのアイデア〈アイデア1〉を微調整し、各バージョン（アイデア2・3・4）に対するテストをおこなった。各回の結果をTRIメーターにマッピングすると、成功する確率が三〇パーセント以下の「低い」になる。

まだかなりのパンチをくらってはいる——とくに〈アイデア2〉については厳しい結果が出た——が、威力は前ほど強くない。今回、微調整したバージョンはどれも「きわめて低い」ゾーンに入ることは免れており、四番目のバージョン（アイデア4）では一矢報いることさえできた。これはとてもよい兆候だ——私たちが市場を徐々に理解しつつあり、その理解をもとにアイデアを調整して、「ライトイット」の領域に近づいているということになる。

〈第五ラウンド〉反撃開始

〈アイデア4〉（「高い」を獲得したアイデア）をたたき台にして、さらに調整を加えてつくりあげた〈アイデア5〉を引っ提げてリングに立ち戻った。

この五番目のバージョンについて実験を三回おこなったところ、各回の矢印はすべて「高い」か「きわめて高い」を指した。やったぞ！　こうした三回の実験が適切に設計・実施され、データも公平かつ客観的に解釈されていたとすると、このバージョンが「ライトイット」という有望な証拠と見ていいかもしれない。しかし、やはり気になるのが左下のグレーの矢印だ。新しいアイデアが市場で成功することはきわめてまれだからだ。この三回の結果だけで、「新製品失敗の法則」の呪いに十分対抗できると判断して大丈夫だろうか？

今回のアイデアを実現するためには、多くの投資とコミットメントが必要になる。GOサインを出すためには、もっと確信したほうがいい。というわけで、さらに三回、この〈アイデア5〉を検証するための実験をおこなった。

新しい結果を、当初の結果とともにマッピングしたところ（第二弾の結果は、太線の矢印で示している）、次のようになった。

よし！　第二弾の結果も、当初の結果と一致している。かなり有望だ。左下の大きなグレー矢印を完全に無視することはできないが――まだ市場が、サプライズ攻撃をしかけてこないとも限らない――この五番目のバージョンのアイデアが「ライトイット」である確率はかなり高いと考えていいだろう。

ここまでのプロセスを把握しやすいよう、私たちがおこなった実験（アイデア1～5）の結果を一覧できるようにすると二四一ページの図のようになる。

今回のプレトタイピング実験では、五つの異なるアイデア（あるアイデアの五種類のバージョン）を検証し、計一二回の実験をおこなった。かなり多いように思えるかもしれないが、こ

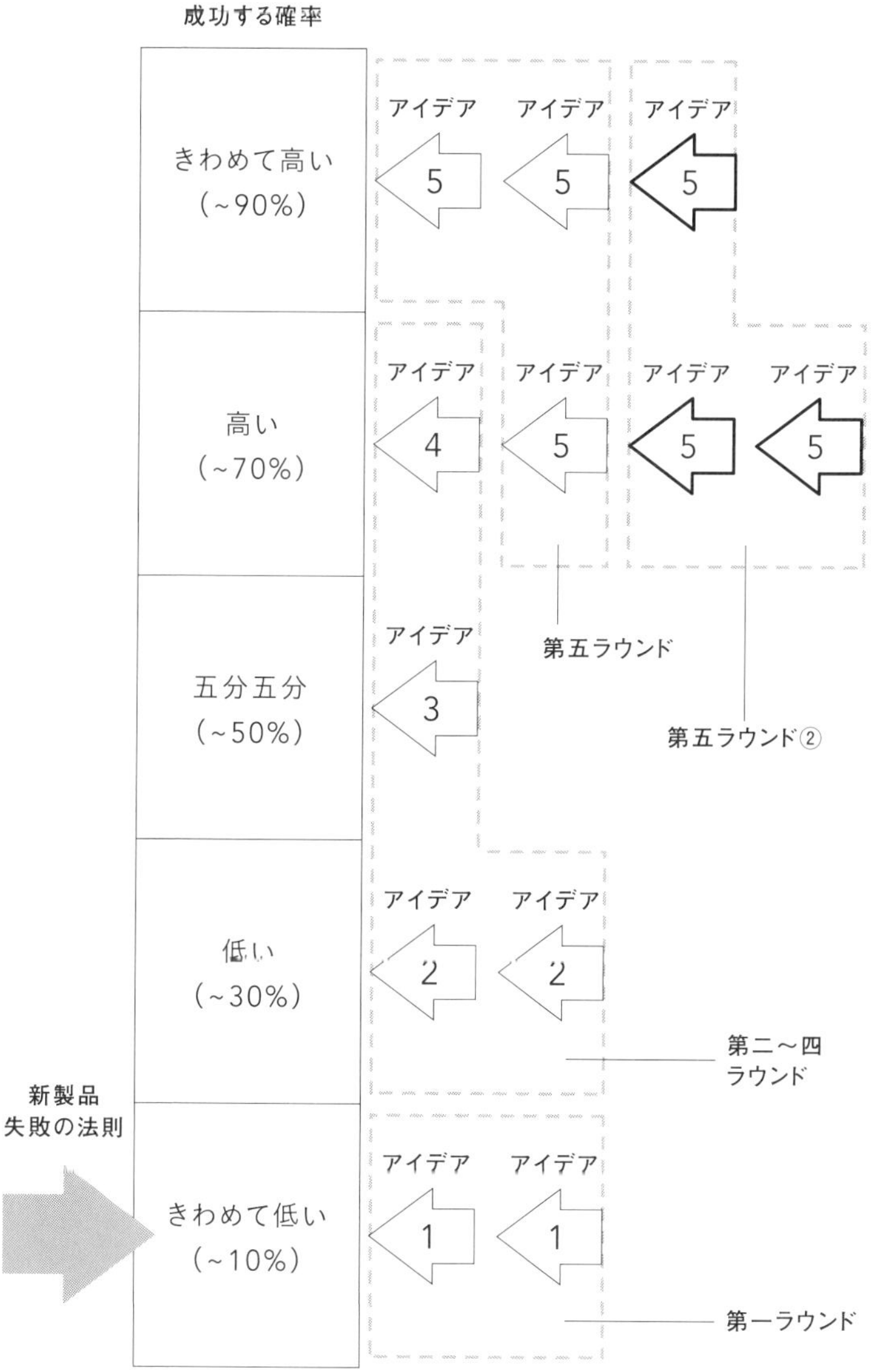
成功する確率
きわめて高い
(~90%)
高い
(~70%)
五分五分
(~50%)
低い
(~30%)
きわめて低い
(~10%)
新製品
失敗の法則
アイデア
5
アイデア
5
アイデア
5
アイデア
4
アイデア
5
アイデア
5
アイデア
5
アイデア
3
アイデア
2
アイデア
2
アイデア
1
アイデア
1
第五ラウンド
第五ラウンド②
第二～四
ラウンド
第一ラウンド

うした微調整や実験は、プレトタイピングなら二週間未満で完了する――つまり、他人のデータ（OPD）をもとに事業計画を立てる場合よりもずっと短いのだ。

TRIメーターに関する説明の締めくくりとして、もう一度、念を押しておきたい。ここで矢印に反映できるのは、実際におこなわれた実験のデータだけだ。また、その実験は注意深く設計され、あなたが直接おこなったものでなければならない。意見や他人のデータ（OPD）はいっさい使えない。矢印で示せるデータは、「身銭」を伴ったYODだけなのだ。

【注釈】

＊2
David S. Jackson, "Palm-to-Palm Combat（パームの挑戦は続く）," TIME, March 16, 1998.

＊3
Tim Ferriss, Tribe of Mentors: Short Life Advice from the Best in the World（メンターに聞け：世界トップクラスの人々が教えるちょっとした人生の知恵）(New York: Houghton Mifflin Harcourt, 2017), P.249.

*4

Bill Gross, "Here Are the 12 Lessons I've Learned in My 30 Years of Being an Entrepreneur（起業家としての30年から学んだ12のレッスン）," http://www.businessinsider.com/bill-gross-lessons-2011-12#would-anyone-actually-buy-a-car-online-29

Part

Ⅲ

Finish

成功するための「戦術」

手に入れた「武器」の使い方しだいで
結果は変わる。

Chapter 7

最後まであきらめるな

「プレトタイピング」の効果を最大化させる考え方

Part IIではさまざまなツールを紹介した。

自分のアイデアのあいまいさを排除し、明確にするための思考ツールや、そのアイデアが「ライトイット」かどうか検証するためにデータをすばやく収集するための手法、プレトタイピング。そして、そのプレトタイピングで集めたデータを系統的かつ客観的に分析・解釈できる手法など、かなり充実したラインナップで、用途も組み合わせも無数にある。

いわば、これらは、「武器」である。しかも「空想の世界」ではなく、「現実の市場」で使える武器だ。

しかし、どのツールをいつ、どんなふうに使うか、そして最終的にどう判断すればいいのかはあえて詳しくは明記しなかった。Part IIIでは、その点について考えたい。つまり、実際の戦場で武器をどのように使えばいいのか、勝つために必要な「戦術」の話をする。

〈勝つための戦術１〉グローバルに考え、ローカルに検証する

ちなみに、私たちのプロセスにおける「仕上げ」とは、新たな展開や予想外の状況になったとき、もとの計画を変更して適切な対応をすることを意味している。こうした能力はきわめて重要だ。新しいアイデアを市場に送り出す際、予定どおりに物事が進むことはめったにない——最初からその市場をターゲットにし、どれほど念入りに計画したとしてもだ。

残念ながら、どんなアイデアにも使える汎用型の計画フォーマットや段階的な手順を提供することは私にはできない。ＩＫＥＡの家具を組み立てるのとは違うのだ。

その代わり、ここまで紹介してきたツールを最大活用するために自分が愛用している、効果的な戦術をいくつか紹介したい。これらを活用すれば、市場からのパンチを少しはかわせるし、ときには打ち返せるはずだ。続くChapter ８では、すべてのツールと戦術を盛り込んだ、締めくくりの事例を取り上げる。

勝つための戦術、一つ目は「グローバルに考え、ローカルに検証する」だ。この言葉は、「グローバルに考え、ローカルに活動しよう」という有名なスローガンにヒントを得ている。本家のスローガンは車のバンパー・ステッカーとしても大人気で、環境保護に熱心な人々や団体と関連づけられることが多い。

しかし、私たちの場合の目的は、捕鯨反対やオゾン層の保護ではなく、時間を節約して貴

重なリソースを守ることにある。「想像の世界」で時間を浪費し、早すぎる世界進出をもくろんで壮大な計画を立てるのではなく、身近な市場と早めに接触すべし、ということだ。

つまり「グローバルに考え、ローカルに検証する」とは、あなたのアイデアを形にして全世界に広めたい、という志をもつのはいいが、そうした**野心的な計画に着手する前に、もっと身近で小規模な市場をターゲットにアイデアを検証しよう**という考え方を指す。こうした身近な対象を探す場所は、あなたの住む町や地域でもいいし、職場や学校などでもいいだろう。近くにあって、簡単に接触できるほどありがたい。

地理的概念を超えた「グローバル」「ローカル」のとらえ方

ちなみに「グローバル」「ローカル」というと地理的な条件を連想しがちだが、「ローカルに検証する」という原則が当てはまるのは、物理的な遠近や地図上の地域だけにとどまらない。対象市場に含まれる概念上のグループや業界基準が一種類ではなく、それぞれに到達・対応するために追加の投資が必要な場合にはすべて当てはまる。

たとえば、あなたの市場がスマートフォンのユーザーなら、そうしたユーザーが物理的にどこに住んでいるかより、使用するスマートフォンのプラットフォーム（アップルのｉＯＳ、グーグルのＡｎｄｒｏｉｄなど）のほうがはるかに重要だ。

たとえば、あなたがモバイルアプリの開発者で、最も精通するOSがグーグルのAndroidだった場合、それが自分の「地元（ローカル）」になる。あなたにとっては、数千キロメートル離れた場所に住むAndroidユーザーのほうが、隣に住むiOSユーザーよりも到達しやすい。だから、あなたの新アプリのアイデアをプレトタイピングして検証するのは、Android市場からにしよう。もしその結果、見込みがありそうなら、他のプラットフォーム向けのバージョンを検討しはじめればいい。

私はキャリアの初期、世界的な成功という夢に目がくらみ、この「ローカルに検証する」という戦術を無視し続けて、大きなツケを払うはめになった。

たとえば、私が共同創業者として参加したある会社では、アメリカ市場で持続可能な成功をおさめ、ユーザーを着実に獲得できるようになる前に、ヨーロッパ市場とアジア市場に進出するための営業チームを新規に採用してしまった。

サポートを提供する国を一か国増やすためには、製品やドキュメントをその国向けに翻訳・カスタマイズして、複数のバージョンをテストしなければならない。これらの作業はすべて相応の時間と費用がかかるうえ、現行業務の大きな妨げにもなる。その会社が最終的に失敗してしまったのは、もちろんそれだけが理由ではないだろうが、状況を悪化させたことは確実だろう。

「ローカルに検証する」は最重要戦術である

しかし万一、自分のアイデアに「ローカル市場」と呼べるものがなかったら、どうすればいいのだろう？　たとえば、モンタナ州の山のなかに住んでいるのに、思いついたアイデアは太陽電池式のサーフボードだったとしたら？

その場合、南カリフォルニアかハワイに引っ越すことをお勧めしたいところだが、それが無理なら、別のアイデアを探すか、距離的な問題を解消する創造的なアプローチ（たとえば、サーファーたちに簡単に接触できる人物とパートナーシップを組むなど）を考案するかしてもいいだろう。

「ローカルに検証する」という戦術は数ある戦術のなかで最も重要な戦術の一つといっても過言ではない。なぜなら、**自分のアイデアと自分自身を「想像の世界」の外にさっさと出し、市場と接触させるのにもってこいの方法**だからだ。この戦術を使えば、「超ズームイン」も同時におこなえ、計画を一歩前に進められる。それもズームインする先の対象市場は、たんに小規模なだけではない。小規模なうえにローカルな市場なのだ。

「ラベル貼り替え」型のプレトタイプの例として紹介したセカンドデイ寿司の実験では、私たちは、現在地から数百メートルと離れていない場所までズームインした。たんにカリフォルニア州内ではなく、パロアルト市内でもなく、スタンフォード大学内でさえもない、自分

思いつけた。

たちがいる建物のなかに。だからこそ、すぐさま簡単に実施できるプレトタイピング実験を

「最短距離」で検証できる場所はどこか

「グローバルに考え、ローカルに検証する」という戦術に自分がどれくらい従っているかは測定可能だし、すべきだろう。その際には、データまでの距離（Distance to Data の頭文字を取ってDTDと呼ぶ）を計算する。

もし、予定しているデータの収集場所が物理的な世界（店や街角、グループの会合など）であれば、DTDには距離を表す適切な単位（メーター、マイル、ヤードなど）を選び、その距離をなるべく短くするように努めよう。市場の検証をまずは身近でおこなえば、貴重な時間と費用を節約できるうえ、実験を実施できる回数や検証できるアイデアの数もさらに多くなる。

質のよいYODを十分に入手できる機会は、あなたの地元や近隣地域にも豊富にある。その気になって探してみれば、きっと驚くはずだ。例を挙げよう。

リンダは、コインランドリーでの洗濯を効率的かつ快適にできるサービス（予定販売価格一九ドル）を開発して売り出すことを考えている。

洗濯の際、衣服とともに洗濯機や乾燥機に入れておくと、洗濯や乾燥が終了して回転が止まったときに携帯電話にテキストメッセージを送ってくれるサービスだ。リンダいわく、このアイテムさえあれば、コインランドリーの店内でプラスチック製の椅子に腰かけ、パジャマ姿の男たちのナンパ攻撃をかわし続けなくて済むという。そのうえ、あの辛気臭い蛍光灯の光や、洗剤と柔軟剤の香りが混じった独特の空気からも脱出できる。自分の車のなかで安全・快適に待てるのだ。洗濯完了のメッセージが届くまで、コールドプレイでも聴いていればいい。

リンダは自分のアイデアを検証する手段として、「メカニカル・ターク（機械じかけのトルコ人）」型と「ファサード」型のプレトタイプを組み合わせた、すばらしい実験を思いついた。その実験をおこなって、最初のYODを収集しようと意欲満々だ。彼女によれば、もっとも有望な市場は主要大都市圏（ニューヨークやロサンゼルスといった大都市とその周辺地域）にあるコインランドリーなので、そうした場所でテストしたいという。

しかし現在、リンダが暮らすのは、カリフォルニア州南部にある、こぢんまりとした住宅街。地元にはコインランドリーは一軒しかなく、リンダいわく「想像するだけでもぞっとするような変人のたまり場」らしい。そこを訪れたおかげでこのサービスを開発する気になったが、できれば二度と足を踏み入れたくないという。

代わりに、二〇〇キロメートルほど離れたロサンゼルスまで車で行ってホテルに泊まり、チェーンのコインランドリーで数日かけてテストを実施するつもりだそうだ。その計画に何ら悪い点はないが、当初のＹＯＤを収集する数回の実験のために、そこまで遠出する必要が本当にあるのだろうか？

「ローカルに検証する」戦術を採用し、「データまでの距離」を指針にして検討した結果、リンダは自宅から三〇キロメートルも離れていない場所に、それほど気味が悪くなさそうなコインランドリーがいくつかある中規模の都市を見つけた。地元といえるほどローカルではないが、いちおう同じ郡内だ。

比較的近くの場所で実験をおこなえば、往復四〇〇マイルのドライブをせずに済み、ホテル代も節約できる――こうした時間と資金があれば、テストもずっと多くの回数おこなえる。

オンライン上でも「ローカル」を意識せよ

しかし、オンラインで宣伝すべき製品の場合や、オンラインで使用または購入される製品の場合には、どうすればいいのだろう？

その際には**物理的な距離を表す単位を、メールの数やウェブへの投稿数、ウェブページ数といった仮想世界の単位に置き換えよう。物理的なステップではなく、デジタル面でのス**

テップで考えるのだ。難しそうに聞こえるかもしれないが、やってみれば意外に簡単だ。別の例も挙げてみよう。

数年前、私は録音状態の悪い音楽のサウンドに深みをもたせ、とげとげしさも緩和できるサウンドチューニング装置のアイデアをひらめいた。ターゲット市場はオーディオマニア、つまり極上の音を求めてオーディオ機器に多くのお金をつぎ込む人々だ。

昨今、こうした人々のほとんどはオンラインで買い物をするようになっている。書店の場合と同じく、実店舗のオーディオ店はかなり減っているからだ。私のチューニング装置もオンラインで宣伝して販売することが前提になるため、プレトタイプや実験もそれに合わせて設計した。

私はそのときも「ローカルに検証する」という戦略に従おうとした。では、オンラインでの「ローカル」とは、どういうことか。

私の場合、定期的にチェックし、記事や製品レビューを積極的に投稿してもいる、オーディオ関連サイトを自分の「地元」と見なせそうだった。私はこのサイトの古参メンバーで、サイトの管理人とも仲よくしていた。お願いすれば、この装置を紹介する記事を書いて、購入したいメンバーがいるかどうか確認させてもらえるかもしれない。この場合、私のDTD(データまでの距離)は次のような三つのデジタル上のステップになる。

1．サイトの管理人にメールを一通書く。
2．自分の製品を紹介する記事を一本書く。
3．一ページだけのシンプルなウェブサイトを立ち上げ、見込み客から何らかの「身銭」（メールや予約金など）を集められるようにする。

私はすでに対象サイトのメンバーで、フォーラムの管理人とも仲よくしている。だから、今回の実験は「オンライン上の地元」内だけの出来事にとどめておけるうえ、すぐに実施できる。

あなたが当初のxyz仮説を立てるときにも、「グローバルに考え、ローカルに検証する」というモットーを忘れないようにしよう。そしてズームインする際には、たんに特定の市場までではなく、いま自分がいる場所までズームインしよう。

〈勝つための戦術2〉四八時間以内に検証する

この戦術については、それほど多くの説明は必要ないかもしれない。その意味はもちろん「検証を先送りしてはいけない。アイデアをひらめいたら、なるべく早く『想像の世界』を出て、市場に飛び込もう」ということだ。たたき台となる「市場の反応に関する仮説（MEH）」を定め、XYZ仮説のフォーマットで表現したら、「超ズームイン」してxyz仮説を立て、プレトタイピング実験を計画しよう。ここからは、頭で考えていた内容を、実地でテストしていくことになる。

ただし「想像の世界」はあまりにも居心地がいいため、なかなか離れたがらない人は多い。何か月、ときには何年ととどまって、自分のアイデアを検討・議論し、全世界を対象とした多年度計画を練り上げる――そのアイデアが有効だというYODがまったくなかったとしても。なぜ私たちは、そんなまねをしてしまうのだろう？

私も「想像の世界」にはまり込んだことは何度もあるので、心当たりはないでもない。それは「怖い」からだ。もっと正確にいえば、拒否されるのが怖いから、ご自慢のアイデアに需要がないと判明するのが怖いからなのだ。**「想像の世界」に長居して、市場との接触を先送りにする理由は、厳しい結果になりかねない挑戦を知らず知らずのうちに避けているからかもしれない。**

市場に拒否されたときのショックや恥ずかしさ、がっかりする気持ちを、好きな相手にふられたときに私はよくたとえる。もちろん拒否されるのは――恋愛でも、それ以外でも――とてもつらいし、心理的にも受け入れづらいものだ。しかし「虎穴に入らずんば、虎児を得ず」ともいう。アイデアについても同じことだ。

「新製品失敗の法則」から逃れるすべはない。あなたのアイデアの大半は、市場に拒否されるはずだ――そうなれば、もちろんつらい。しかし、本書で紹介したツールや戦術を活用すれば、必要なプロセスのうちの、この不快だが避けられない部分を比較的手早く簡単に、痛みも少なく済ませられる。だから先送りはやめよう。どのみち市場に受け入れてもらえないなら、後よりもいまわかったほうがずっとましだ。

これまで何百ものチームと一緒に働き、何千もの新製品のアイデアにたずさわってきた結果、私は次のようなパターンに気づいた。

- **「想像の世界」に長居して、意見や他人のデータ（OPD）を検討し、事業計画を立てるのに何か月もかけたチームは失敗する傾向がある。**
- **最低限のプランニングと検証しかせず、大急ぎで製品を市場に送り込んだチームは失敗する傾向がある。**
- **大急ぎで市場テストをおこなったチームは成功する傾向がある。**

要するに、「想像の世界」に長居するのは禁物だが、完成版の製品を慌てて市場に出すのも考えものだということだ。一刻も早く製品を世に送り出したいと思うなら、まずはその意欲をプレトタイピングによる市場でのテストに役立てよう。

なるべく「早く」データを集めるべきこれだけの理由

「データまでの時間（Hours to Data の頭文字をとってHTDと呼ぶ）」とは、プレトタイピング実験を実施して、何らかの質の高いYODを収集するまでに何時間かかるかを示す測定基準だ。たとえば、セカンドデイ寿司に関する私たちの初回の実験の場合、HTDはわずか二時間だった――ちょっとしたラベルを印刷し、陳列棚にあったパック寿司の容器に貼っただけだ（もちろん、ちょうど昼どきだったのも幸いした）。

他の条件がすべて同じなら、HTDは短いほどいい。

私が授業の課題としてプレトタイピング実験を課すときは、HTDは通常、最大四八時間までとしている。またYODを最も早く得られたと証明できた場合、ボーナスポイントも与えている。あるクラスでは、まだ私が課題の説明をしている最中に、学生の一人が五ドル札を持った手をさっそうと突き上げ、そのお札をはためかせながら、大声でこう宣言した。

「データまで三分間！　悪くないですよね？」

私が返事をする前に、彼女は説明しはじめた。

「私たちのチームのアイデアは、自転車のメンテナンスサービスです。五ドルいただければ、お使いの自転車をすみずみまできれいにし、一〇ドルなら掃除だけでなく、ブレーキや変速機のチェックもし、チェーンに油を差してタイヤの空気も入れます」

その場にいたクラスメイトたちからは、ふうん悪くないな、といった感じの反応が起きる。

「というわけで」彼女は続けた。

「このクラスの人たちに、そのサービスをメールで知らせたら――」

彼女の後ろの席の学生が立ち上がって言った。

「それを読んだぼくが、いま五ドル渡したってわけです。一番にお願いしたかったんですよ。この雨で自転車は泥だらけなんで」

私は思わずにっこりして拍手した。他の学生たちもすぐに続いた。データポイントとしてはたった一つだが、明らかにこの学生は「データまでの時間（HTD）」の基本精神と原則を理解していた。そして〇・〇五というHTDを達成することで（三分間は〇・〇五時間に相当する）、このクラス全員（私も含む）の期待値を塗り替え、新たな基準を打ち立てた。競争の火ぶたはすでに落とされたのだ。

〈勝つための戦術3〉とことんコストを落として挑む

本書の手法を忠実に実践すれば、質の高いYODをすばやく入手できるだけでなく、そのコストも他の市場調査アプローチよりもはるかに低く抑えられる。一〇分の一や一〇〇分の一にできる可能性もあり、場合によっては一〇〇〇分の一にすることも夢ではないかもしれない。

私が協力している企業の多くでは、市場調査に何か月もの時間と何十万ドルもの費用を費やすのが当たり前になっている。だから一回のプレトタイピング実験を「たった」数万ドルでおこなえそうだという試算が出ると、そうした企業の人々は大喜びする。

だが私は、そんなときに彼らにこんなふうに言う。数十万ドルが数万ドルになったのは順調な進歩だが、おそらく数千ドル、場合によっては数百ドルでまったく同じYODを入手できるだろう、と。

新製品に関する多くのアイデアは、やり方しだいではごくわずかな費用で検証できる。ほぼ無料という場合もあるくらいだ。理想は、プレトタイピングの予算で最も高額のアイテムが「チームのランチ代」であることだ。

ちなみにプレトタイピング実験のアイデアを考える際には、一つ二つ思いついただけで決めてしまわないようにしよう。**「これが本当にベストなのか?」**と自分に問いかけてほしい。そうすれば、YODの質を落とさず、もっと低コストでアイデアを検証できる方法がたいていは見つかる。そうした方法を思いついたら、さらにひとがんばりしてみよう。この「なるべく安くする」という戦術は、次の逸話からヒントを得ている。

ヘンリー・キッシンジャーは、手ごわい上司でもあった。彼はニクソン政権の国家安全保障担当補佐官だったとき、部下の一人に政策方針書を作成するように依頼した。部下は数日間かけて依頼された文書を書き、十分通用するものができたと思った時点でキッシンジャーに提出した。キッシンジャーは礼を言い、その晩に目を通すと伝えた。

翌日、キッシンジャーはその部下を呼び、書類を返してこうたずねた。

「これが本当に君のベストなのか？」

その部下は驚きながらも、少しきまりが悪くなった。そして、たぶんもう少しいいものが書けるでしょうとキッシンジャーに答えた。彼は他の予定をすべてキャンセルし、数日間、書類の書き直しに全力をそそいだ。

しかし、修正版に対するキッシンジャーの返答も同じだった。「これが本当に君のベストなのか？」

その部下はがくぜんとした。穴があったら入りたいくらいだった。それでも、もう一度チャンスをくれるように頼み、今度こそずっといいものを書こうと誓った。数日後、彼は書類の第三バージョンを上司に提出した。

部下が立ち去る前、キッシンジャーはまたたずねた。「これが本当に君のベストなのか？」

「はい。これが本当に私のベストです」部下は答えた。

「よろしい、では読ませてもらおう」キッシンジャーは言った。

私はその場にいたわけではないので、この話がどこまで正確かは保証できない。しかし、この話でのキッシンジャーのアプローチは気に入っている。なぜなら、私たちが最初に思いつくソリューションが最良である場合はまれだからだ。

草創期のグーグルでは、利用できるリソースはごく限られていて、みなが工夫してやりくりしていた。どうにもならずに追加予算をリクエストしても、よくこう言われて却下されたものだ。「創造性は制約が大好きなんだ」――それでたいていは、与えられた予算でなんとかする方法を、みな見つけ出した。

創造性を働かせれば、計画より低コストでアイデアを検証できる方法は見つかる。だから通常なら実験に一〇〇〇ドルかかると思う場合には、それを一〇〇ドルにする方法を見つけることを目標にする。もし成功したら、今度は一〇ドル（無料ならさらにいい）にできるかに挑戦してみよう。

「データまでの金額（Dollars to Data の頭文字をとって$TDと呼ぶ）」は金額の部分はあなたのプロジェクトに合った通貨を使ってくれればいい。ユーロでも、人民元でも、ビットコインでもドーナツでも……そう、ドーナツだ。ここでの単位は一般的な意味での「通貨」に限る必要はない。もしボランティアスタッフにおこなってもらうプロジェクトで、そのお礼に提供するのが朝食代わりのドーナツなら、「データまでのドーナツ」という単位を使うという考え方もある。

〈勝つための戦術4〉「惜しいが〝はずれ〟ゾーン」を意識しろ

当初の実験で残念なYODが出ても、それほどがっかりする必要はない。ほんの少し調整すれば「ライトイット」に到達できることもあるし、どんな調整が必要かもプレトタイピングをすることで見つけやすくなる。少し詳しく説明しよう。

私の経験上、ほとんどの新製品のアイデアは、たとえ完全にクレイジーなアイデアのように聞こえたとしても、たいていはそれほどクレイジーではないことが多い。

多くの場合、アイデアを考えて実行に移そうとする人たちは対象業界をある程度理解しており、そのうえで現実世界の顧客が実際に直面している問題を自分のアイデアは解決できる、市場にも受け入れられる、と確信している。そして通常、その判断は正しい。

問題は、彼らの当初のアイデアが、市場での「惜しいが〝はずれ〟ゾーン」に入っている可能性が高いということだ。

市場でニーズがあることは間違いない。しかし、そのニーズをものにしようとした製品がすべて成功するわけではない。値段が高すぎたり、サイズが大きすぎたり、複雑すぎたりするかもしれない。色や名前が市場とマッチしていない場合だってある。市場はやたら好みがうるさく、細かいことにこだわったりもするからだ。

必要な条件をすべて備えないかぎり、あなたのアイデアは市場から却下される。たとえ、それ以外の部分でいかに健闘したとしてもだ。自分にとって特別な問題や機会だったり、興味や関心があったりする場合、その市場にとどまるのもいいだろう。

しかし、もとのアイデアには少しひねりを加え、さまざまなバージョンを検討することで「ライトイット」になる可能性は大いにある。

かりにあなたが、思いついたアイデアを検証しようとプレトタイピング実験を数回おこない、そのアイデアは――いまのところは――完全に「ロングイット」だと判明したとしよう。あなたはがっかりする。当然の反応だ。それでも、アイデアを検証する過程で、ターゲット市場について興味深い発見もできた。それはもしかしたら「想像の世界」での重要な前提が完全に間違っていたということかもしれない。先の、大学内で実験した寿司でいえば、たとえば、じつはアメリカでは、八ドルのパック寿司を高すぎると思う人は少なかった、あるいは、パック寿司を買う人の八〇パーセントがラベルの「製造年月日・時間」を注意深く確認しており、その日に製造されていないものは買わずに戻していたのかもしれない。実験を重ねるにつれ、こうしたYODが手元にたまっていき、次のステップを考える際の指針になる。

「そもそもを間違っていた」としたらどうすべきか

たとえ当初のアイデアが「ロングイット」と判明したとしても、「セカンドデイ寿司」のアイデアが生まれた「想像の世界」の同じ領域のどこかに、格安パック寿司に関する「ライトイット」のアイデアやビジネスモデルが転がっている可能性は大いにある。たとえば週一回の定期宅配サービスに変更し、名前とキャッチフレーズでも（鮮度がイマイチの点ではなく）便利さを強調したらどうだろう？　「〈寿司2ＹＯＵ〉便利でお得な寿司の定期宅配サービス」といった具合にだ。

もしそのアレンジも市場に不評なら、さらに工夫を重ね、いろいろとプレトタイピングしてみよう。たとえば「〈グルーピーＳＵＳＨＩ〉みんなで寿司をお得に購入！」といったアプローチも可能かもしれない。「ライトイット」の組み合わせが見つかるまで、それを続ければいい。

しかし、いくら調整しても「ライトイット」にたどりつけない場合は、そのアイデアに「ライトイット」が存在しないということになる。そうなると、どうがんばっても失敗するしかない。格安寿司の場合、「安い寿司は質が悪く、質の悪い寿司を食べると後で困ったことになりかねない」と、あまりにも大勢の人が考えているということなのだ。

「創造性」を鍛えるスタンフォード大学の「一〇〇のアイデア」授業

では、どうすればいいのだろう？　もしパック寿司のビジネスにこだわりたいのなら、創造性のギアを数段階上げ、関連する分野で別の可能性を探るときだろう。

私は昔、創造性やブレインストーミングについては多少詳しいと自負していたが、正真正銘のエキスパートに出会って考えを改めた。そのエキスパートが、スタンフォード大のティナ・シーリグ教授[*7]だ。

二〇一六年、私はティナとともに「創造性とイノベーション」という大学院生向けの科目を担当する栄誉にあずかった。発想法とプレトタイピング手法をどんなふうに組み合わせれば、画期的な問題解決法を生み出せるかを教えるクラスだ。発想法によって多くのアイデアを生み出して、プレトタイピングで検証・確認・取捨選択し、最も成功しそうなアイデアを選び出せるようにする。私はプレトタイピングを専門に教え、ティナが発想法を教えている間は学生と一緒に座って講義に熱中し、一心不乱にノートを取った。

そのクラスでおこなった演習の一つは、こんな内容だった。学生たちは一定の課題（たとえば、運転中の「ながらスマホ」を撲滅するなど）を与えられ、問題解決に役立つ斬新なアイデアを一〇〇通り以上考えなければならない。

「いいアイデアを生むための一番の方法は、たくさんのアイデアを用意することだ」とノーベル賞を二回受賞したライナス・ポーリングはかつて言ったが、一つの問題の解決方法をたくさん思いつくことは、じつはそれほど簡単ではない。正しいアプローチを知らないかぎりは。この演習をおこなった人の多くは、四〇〜五〇通りの方法を考え出すことにさえ四苦八苦し、しょせん自分はクリエイティブではないとあきらめてしまう。

ティナは、こうした考え方に強く異を唱えている。創造性とは誰もが学べるスキルだというのが彼女の持論で、彼女はそれを「一〇〇のアイデア」の演習を一〇〇倍簡単にするような手法を教えることでも証明している。

私にとって最も印象的だったレッスンは、シルク・ドゥ・ソレイユを扱ったハーバード大学のケーススタディを利用したもので、特定のアイデアに対する先入観や思い込みをリストアップして逆にすることで、既存のアイデアの効果的なアレンジをいかに簡単に思いつけるかを教えていた。ティナは、Medium.com というサイトに寄稿した記事で、その演習をこんなふうに説明している。

＊＊＊

私のお気に入りのエクササイズの一つに、**自分の思い込みをすべて書き出し、正反対にすることで別の可能性を発見する**というものがある。

私が教える創造性を高めるためのクラスでは、シルク・ドゥ・ソレイユを題材にしたハーバード大学のケーススタディを使い、自分の思い込みを疑う能力に磨きをかけられるようにしている。一九八〇年代、サーカス業界は苦境にさしかかっていた。パフォーマンスはマンネリ化して新鮮味がなくなり、客の数は減る一方。そのうえ動物愛護という観点からも非難を浴びるようになっていた。新しくサーカスを立ち上げるのに最適なタイミングとはいいがたい状況だ。けれども、それこそがカナダの大道芸人ギー・ラリベルテがおこなったことだった。彼は、サーカスに関するあらゆる固定観念に挑戦した。

授業では、一九三九年に公開されたマルクス兄弟の映画『マルクス兄弟珍サーカス』の一場面を見せたのち、伝統的なサーカスに関して一般的に定着していると思われるイメージをリストアップしてもらう。大テント、動物、安い切符、土産《みやげ》コーナーの呼び込み、複数パフォーマンスの同時進行、道化師、ポップコーン、力持ちの男、火の輪くぐりなどなど。

ひととおり出尽くしたところで、それらを正反対にしてもらう。つまり、いま挙げた項目の逆を想像してもらうのだ。

そうすると新しいリストは、小テント、動物はなし、高い切符、呼び込みもなし、進行するパフォーマンスは一度に一つだけ、道化師もポップコーンもなし、といった感じになる。こうした二つのリストを作成したうえで、伝統的なサーカスの要素で残したい部分と変えたい部分を選んでもらう。その結果生まれるのは、シルク・ドゥ・ソレイユ風ともいえる、まったく新しいサーカスだ。ご存じのようにシルク・ドゥ・ソレイユは大成功している一方、伝統的なサーカスは事実上過去のものになった。

この演習を一度おこなってしまえば、サーカス業界以外でも、変化の時期にさしかかっているあらゆる業界や組織に応用できる。たとえばファストフード店やホテル、航空会社、教育機関を対象にしてもいいだろうし、恋愛関係や結婚生活にすら応用できる。コツさえつかめば、封筒の裏を使ってさっとおこなえるような手軽な習慣になり、自分の生活や仕事上のさまざまな側面を見直すために活用できる。

ポイントは、思い込みを洗い出す段階に時間をかけて、すべての思い込みを明確に特定できるようにすることだ。普通は、この部分がいちばん難しい。思い込みがあなたの世界観と一体化して、気づきにくくなっている場合も多いからだ。しかし少し練習すれば、自分の選択肢を新しい角度から検討できる手段として役立つはずだ。[*8]

＊＊＊

最初に思いついたアイデアが「最高のアイデア」とは限らない

ここでは、この発想法をパック寿司に使ってみよう。すでに私たちは「セカンドデイ寿司」で格安系のルートは検討している。だから今回は逆に行ってみよう。高級志向の「〈スペリオール寿司〉とびきり新鮮で質の高いパック寿司」というのはどうだろう？　ひょっとした

通常のパック寿司	スペリオール寿司
価格は$7〜10	価格は$14〜20
どんなに古くても 前々日製造まで	とびきり新鮮(鮮度保証)
安っぽいプラスチック容器	高級感ある竹の容器
ワサビはまがい物	本物のワサビ入り
安物の醤油パック	おしゃれなガラス小瓶に 入った高級醤油

ら「アリ」かもしれない。

鮮度がイマイチの格安寿司の需要はなかったとしても、見栄えのいい容器に入ったとびきり新鮮な寿司を買いたい人は多いかもしれない。とにかくやるべきことは、パック寿司に対して人々が抱いている固定観念をリストアップし、スペリオール寿司にふさわしい新しい選択肢を考案するだけだ。たとえば、上の表のようにだ。

おいしそうじゃないか！　考えただけでおなかがすいてくる。正直いって、こちらのほうがずっと私好みだ。鮮度抜群のネタと本物のワサビ(チューブに入った、緑色に着色されたシロモノとは違ってだ)、後で別の用途に使えそうな醤油《しょうゆ》の入った竹の容器、おしゃれなガラス小瓶入りの高級醤油——数ドル余分に出す自分を想像できる。

しかし、それは私の「想像の世界」での考えにすぎない。私以外の人のどれだけ多くが、実際にパック寿司に二〇ドル近く払うのかはわからない――容器がいかに素敵だったとしてもだ。この問いに答えるにはどうすべきか、あなたならもうわかるはずだ。

なお、新製品のアイデアにひねりを加えたり、別のアイデアを検討したりするのは、必ずしも現在のアイデアが「ロングイット」だと判明するまで待たなくてもいい。私たちのツールや手法を使えば、どんなアイデアでもすばやく効率的に検証できる。

つまり、あなたはいままでは、いくつかの異なるアイデア（または、一種類のアイデアのさまざまなアレンジ）を同時に検証し、そのうえで本命を一つに絞れるようになったのだ。一つのアイデアについて一〇〇通りのバージョンを思いつく必要はない（もちろん挑戦するのは大賛成だ）。しかし、少なくとも二、三通りは準備しておこう。最初に思いついたアイデアが最高のアイデアではない可能性も高いからだ。

「大転換」よりも「微調整一〇回」と心得よ

ここまで読んでくださった方は、思いついたアイデアがそのまま「ライトイット」である可能性は少ない、とわかっていただけたはずだ。「想像の世界」から出る時点で完成し、成功する条件をすべて満たしているアイデアなどまれなこともだ。どんなアイデアも、何かしらの微調整が必要だと理解していただいていると思う。

しかし、惜しむらくは、その微調整をおこなうのは「想像の世界」のなかであり、YODではなく意見や他人のデータ（OPD）を指針にしてしまっていること。そうなると、市場に出たときに惨敗するアイデアがこれほど多いのも当然といえる。

市場が本当に求めるものを見いだし、それに合わせてアイデアを修正していくための唯一の方法は、市場とじかに接触することだ。

また接触する際には、何が欲しいかとただ聞くだけではいけない。**自分のアイデアのプロトタイプを市場に持ち込み、興味があると言われたら、その証拠として何らかの「身銭」を要求すべきだ。**こうしたことは早い段階でおこなうほどいい。先送りするほど、得られる教訓は高くつき、伴う痛みもひどくなり、最終的にはさんざん痛めつけられて意気消沈してしまう。そのうえ、別の工夫をしようにもリソースはもう残っていない。

昨今、「ピボット」という言葉が起業家や製品マネジャー、ベンチャーキャピタリストの間でさかんに使われるようになっている。一般的にピボットとは、ある新製品や新規事業に関する基本的なアイデアや仮説を大きく軌道修正することと理解されている。つまりピボットが必要になるのは、もとのアイデアが「ロングイット」と判明したからだ。

ピボットは、微調整とは違い、それまでにすでにチームがかなりの時間と費用を投資している。私もキャリアの初期、何度かピボットに立ち会ったことがある。当時はそうした呼び方はせず、たんに「しまった、大失敗だ！」と言っていたが、製品会議で「ピボット」という言葉が使われるときは、十中八九、独特の刺激臭が立ち込める。そうしたチームの多くは、その時点までにリソースのほとんどを「ロングイット」につぎ込んでしまっており、取れる選択肢はかなり限られている。

アイデアは早い段階でプレトタイプし、調整していくことを肝に銘じてほしい。そうすればピボットにいたるような「苦行」をおこなわなくても、「ライトイット」に最終的に到達できる確率は劇的に上がる。微調整一〇回のほうが、つらいピボット一回よりも間違いなく効果的なのだ。

Chapter 8

失敗しない思考プロセス

ツールと戦術を用いていかに「間違わない」意思決定をするか

ついに私たちは、ここまで学んだツールや戦術がどのように組み合わされて機能するかを総合的に振り返る段階にきた。

ここでは、新規ビジネスのアイデアを例にして、「想像の世界」からデータ収集、意思決定にいたるまでの全過程を一緒にたどってみることにする。また、その際には私がたどるステップだけではなく、思考プロセスについても触れていくので参考にしてほしい。

ただし、あくまでも紹介する事例は、私たちの手法を活用する方法として考えうる無数の選択肢の一つでしかない。唯一最高のアプローチなどというものは存在しない。自分なら違うやり方をする、もっとうまくやれると思うようなら、すばらしいことだと思う。それは本書があなたをうまく導けたという証拠だからだ。

渋滞中に思いついた「バスを教室に変える」アイデア

今回、例として使う新規ビジネスのアイデアは、以前、サンフランシスコのダウンタウンで午前中に打ち合わせすることになり、通勤渋滞まっただなかの国道一〇一号線をのろのろ運転するはめになったときに思いついたものだ。

シリコンバレーにある私の自宅からサンフランシスコまでは、二、三年前なら四五分で行けた。しかし現在では、ベイエリアのビジネスの隆盛と建設ラッシュがあいまって、下手をすると六〇キロメートル余りの距離に二時間ほどかかる。その結果、何千人もが毎日、往復三～四時間を通勤に費やすはめになっている。なんというムダだ――しかし、これはすごいビジネスチャンスだ！

その朝、川の流れのように並ぶブレーキランプの赤い光を眺めながら思いついたアイデアとは、通勤バスを教室に変え、通勤時間を学びの時間として活用するサービスだった。名づけて「ＢｕｓＵ」――サンフランシスコに到着するころには、キャッチフレーズまでできた。「バスで学ぼう」だ。

もちろん私は、こうしたアイデアを思ついたのが、自分が最初だとは思ってはいない。同じことをすでに誰かが考えていてもまったく不思議はない。もしかしたら実現を試みた人も過去において、そうした試みから学べることもあるかもしれない。だが、本書をここまで読んできたあなたなら、似たようなアイデアの場合でも、他人の成功や失敗を私がどう見なすかはわかるはずだ。他人のデータ（ＯＰＤ）は参考にはなるかもしれないが、自分で実験して自分自身のデータ（ＹＯＤ）を収集することの代わりにはならない。

私たちがＹＯＤを収集し、意思決定に役立てるまでの重要ステップをざっとまとめてみた。ご覧のとおり、三種類のツールキット（思考ツール、プレトタイピングツール、分析ツール）をすべて活用している。

- たたき台となるＢｕｓＵのアイデアを言葉で表現する。
- 「市場の反応に関する仮説（ＭＥＨ）」を立てる。
- 「市場の反応に関する仮説（ＭＥＨ）」をＸＹＺ仮説のフォーマットで表現する。
- 「超ズームイン」をして、いますぐ検証できるｘｙｚ仮説を用意する。
- ｘｙｚ仮説を検証できそうなプレトタイピング実験をいくつか設計する。
- データまでの距離（ＤＴＤ）、データまでの時間（ＨＴＤ）、データまでの金額（＄ＴＤ）にもとづき、おこなう実験の優先順位をつける。
- 第一弾の実験シリーズをおこなう。
- 実験結果（ＹＯＤ）を客観的に分析し、次のステップを決める。

念のために言っておくが、これは当初の段階でのおおまかな計画にすぎない。

この手の計画はすべてそうだが、市場と接触して最初のデータを収集した後に変更になる可能性は常にある。活動を開始してから、こうしたステップを後戻りや行き来することも何度もあるかもしれない。最初のプレトタイピング実験の最中に「市場の反応に関する仮説（MEH）」を根底からくつがえす、予想外の障害やチャンスに遭遇するかもしれない（たとえば、バス車内での営業行為を禁止する法律がカリフォルニア州で成立するなど）。

あるいは、よくあることだが、こうした過程を経るにしたがってアイデアが進化し、さらにすぐれた（または規模の大きい）アイデアになる場合もある。予想外の展開になったり、新たな発見があったりしても驚かないようにしよう。

そして必要なら、自分の計画や仮説をすべて変更することも躊躇《ちゅうちょ》しないことだ。あなたは未知の領域に足を踏み入れているのだから、すべてに柔軟に適応しよう。だからこそ、PartⅢで「仕上げと応用」を取り上げているのだ。

とはいえ、戦術は変更になるかもしれないが、基本方針は変化しない。ここまでに学んだツールを最大限に活用して、明確な思考をし、念入りに検証し、客観的に分析していこう。

まずはアイデアを「あいまいにせず」に、「明確に」とらえる

ここからお伝えするＢｕｓＵの話は、私が実際思いついたアイデアを、どうライトイットに展開していくか、これまで話したテクニックや戦術の具体的な活用法をお伝えする架空のシナリオだが、私が渋滞のなかでひらめいた、そもそものアイデアはこんな感じだった。

地元の大学とパートナーシップを組めば、ＢｕｓＵは、定評ある教授陣による、大学の単位としても認定される授業を、勤め人が毎日の通勤の際に受けられるようにできる。バスは教室用にカスタマイズして、最大三〇〜五〇人の受講生を収容できるようにする。

このサービスは、まずはサンフランシスコからシリコンバレーまでの往復経路で提供する。この区間の通勤時間は、標準的な授業時間である五〇分間のクラスを往路と復路で朝晩一回ずつ提供するのにうってつけだ。

採算を考えて、ＢｕｓＵでは幹部社員や専門職を対象としたハイレベルな授業を提供することにし、受講料もそれに見合う額にした。一〇週間コースで三〇〇〇ドルだ。一見、高すぎるように思えるかもしれないが、多くのハイテク企業には、従業員が継続教育や各種研修を受ける費用を補助するプログラムがある。だから、そうした企業に勤める人なら、学費の少なくとも一部を補助してもらえる可能性は高いだろう。

おおまかなビジョンとしては、こんな感じでできれば十分だろう。興味深いディテールを追加して、数字もいくつか盛り込むことまでできた。こうしたことはすべて、ＸＹＺ仮説やｘｙｚ仮説を立てる作業を楽にしてくれる。

とはいえ、その前に済ませておくべき重要なステップが一つ残っている。「市場の反応に関する仮説（ＭＥＨ）」を立てることだ。

「そもそもを間違わない」ための「ＸＹＺ仮説」

Part Ⅰで説明したように、ビジネスを長期的に成功させるためには、あまたある要素や前提がすべて適切になっていなければならない。

たとえばＢｕｓＵが成功するためには、協力してくれる正規の大学機関と評判のいい大学教授を見つける必要がある。輸送上の安全基準に反しない範囲で、バスを教室用にカスタマイズすることは可能だろうし、それほど高価でもないはず——といった具合にだ。

しかし、今回の場合（他の場合でも大半はそうだが）、私たちが検証して裏づけなければならない最も重要な前提は、市場の関心についてだ。「市場があれば、道はある」のだ。「そもそも」を間違わないことが大切だ。「そもそも」を間違わず、市場が十分に関心をもってくれることがわかったなら、提携する大学を探し出し、大学教授を確保し、輸送上の安全基準だって満たしてみせることは難しいことではない。

ＢｕｓＵのターゲットは通勤時間の長いビジネスパーソンなので、私たちのＭＥＨもこの層を前提にするべきだろう。私立大学の授業料なみの費用をバスに乗りながら受けるクラスに支払おうと思うビジネスパーソンは十分にいるだろうか？　とりあえず、たたき台となるＭＥＨを考えてみた。

「市場の反応に関する仮説（ＭＥＨ）」
通勤時間が長いビジネスパーソンの多くが、バスに乗りながらクラスを受講するために大学の授業料なみの費用を支払う。

これはとっかかりにはなるが、あまりにも漠然としていて、役立つ表現とはいいがたい。「ビジネスパーソンの多く」とはどれくらいの割合なのか？「通勤時間が長い」とはどれだけ長いのか？「大学の授業料なみの費用」とはいくらなのか？「数字にしよう」のルールに則って、実験や観察によって検証できる表現にする必要がある。

「より具体的な表現」があなたを「想像の世界」から脱出させる

次は「想像の世界」にもとづく私たちのビジョンとMEHを組み合わせ、後者をXYZ仮説のフォーマットで表現できるようにしよう。つまり「少なくともXパーセントのYはZする」(あるいは「Yのうち少なくともXパーセントはZする」)という形式にするのだ。

「XYZ仮説」を使った表現

通勤時間が片道一時間以上かかるビジネスパーソンの少なくとも二パーセントは、大学の単位としても認定される一〇週間の講座を少なくとも年一回受講するために三〇〇〇ドル支払う。

悪くはない。あいまいな表現をなるべく減らし、暗黙の了解を言葉にしたうえで、数字を推測していくつか盛り込んで、検証できるようになっている。

もし私たちのターゲット市場の少なくとも二パーセントが受講料三〇〇〇ドルのBusUクラスを年一回受講するようにできれば、ビジネスとして成立するための安定した基盤があると考えていいだろう。

ただし、これはかなり大胆な仮定だ。たしかに、かなり有望で説得力があり、妥当なようにも思える。しかし私たちは、まだこの時点では「想像の世界」を一歩も出ていないのだ。こんなことをしていたら、（ご想像どおり）「誤検出」の罠《わな》にどっぷりはまってしまう。そろそろ「想像の世界」に別れを告げて、現実の世界でテストをおこなうときだ。「超ズームイン」すべきときがきた。

より検証しやすいように「超ズームイン」する

次のステップは、私たちのXYZ仮説をプレトタイピングで手早く簡単に検証できる三種類のxyz仮説に変えることだ。時間とコストを最小限に抑えられるよう、すでにあるリソースや身近なものを活用したい。そんなときには〈戦術1〉の「グローバルに考え、ローカルに検証する」戦術が頼りになる。

私はまず、自分の現在の状況とリソースを振り返り、活用できそうなものがないか考えてみた。

- 私はカリフォルニア州のマウンテンビューに住んでいて、そこにはグーグルやリンクトイン（LinkedIn）の本社がある。両社とも何千人もの専門職の人間を雇っており、授業料などの学費の一部または全額を負担している。

• グーグルやリンクトインのマウンテンビュー本社で働く社員には、サンフランシスコに住んでいる人も多く、車か会社提供の送迎バスを利用して通勤している。
• グーグルに勤める友人は大勢いる。リンクトインに勤める友人も少しはいる。
• スタンフォード大学で教えるトップレベルの教授のうち、数人とは良好な関係にある。

これらのことからわかったことは、私には、当初の実験に活用できそうなリソースが豊富にあることだ。グーグルやリンクトインの社員の多くはエンジニアで、エンジニアの多くは学ぶことが大好きだ。だからBusUのターゲット市場の小集団と見なし、とっかかりの実験の対象にするのはうってつけだろう。

しかし、第一弾の実験の対象はグーグル社員とリンクトイン社員のどちらにするべきだろう？　両方を対象にしたほうがいいのだろうか？　こうした判断をする際には、各社についての「データまでの距離（DTD）」が参考になる。

物理的には、グーグルの本社とリンクトインの本社は、どちらも私の自宅から一〇数キロメートルと離れておらず、両社間の距離も数キロメートルほどだ――つまり引き分けになる。しかし、私の知り合いは、リンクトインよりもグーグルのほうがはるかに多い。だからDTDを「適切な層にアクセスするまでに必要なメール数」と考えた場合には、グーグルのほうがよりよい選択肢ということになる。リンクトイン関連の連絡先は温存し、今後、グーグル社員を対象にした実験結果の裏を取る際に使えばいい。
つまり最初のターゲット(「xyz」の「y」)は、サンフランシスコ在住のグーグルのエンジニアで、マウンテンビュー・キャンパスに通勤する人ということになる。
簡単に接触できるターゲット市場は見つかった。これを「超ズームイン」してみよう。今回は、このグループを対象に検証できそうなxyz仮説を三つ立ててみた。

〈xyz仮説①〉サンフランシスコからマウンテンビューに通勤するグーグルのエンジニアで、「BusU」のことを耳にした人の少なくとも四〇パーセントが、「BusU4Google.com」のウェブサイトを訪問し、今後の開講時に知らせてもらえるよう、自分のグーグルメールのアドレスを教えてくれる。

〈xyz仮説②〉サンフランシスコからマウンテンビューに通勤するグーグルのエンジニアの少なくとも二〇パーセントが、BusUについて詳しく知るために一時間のランチタイム説明会に出席する。

〈xyz仮説③〉サンフランシスコからマウンテンビューに通勤するグーグルのエンジニアの少なくとも一〇パーセントが、人工知能(AI)を専門とするスタンフォード大学教授がバス内で教える一週間のクラス「はじめての人工知能（AI）」を受講するために三〇〇ドル支払う。

訪問者がいくら「身銭」を払ってくれたかで判断する

先に進む前に、あなたが気になっているかもしれない疑問に答えておきたい。

各ｘｙｚ仮説のｘの値を、私がどう設定したかということだ。最初のXYZ仮説ではXを二パーセントと見積もったのに、なぜ「超ズームイン」したｘｙｚ仮説では四〇パーセントや二〇パーセント、一〇パーセントとしたか。

それは、「コンバージョン・ファネル」と呼ばれる消費者の購買フェーズを考慮し、選んだ値だ。来店者や無料セミナーの出席者、Eコマースサイトの訪問者といった人々のすべてが、お金を払ってくれる客になるわけではない。正反対といってもいいくらいで、無料のトライアルやセミナーの申込者やウェブサイト訪問者が、のちに購買客になる割合はごくわずかだ。そのことはデータによって一貫して示されている。

この新製品について詳しく学びませんかと一〇〇人を招待した場合、招待を受けてもらえるか、何らかのフォローアップ（詳しい情報を得るために店舗やウェブサイトを訪問するなど）をしてもらえるのは、そのうち五人いれば幸運と思ったほうがいい。さらに、その五人のなかでも、最終的に購入や契約をしてくれる（または、別の形で関与してくれる）人はたぶん一人か二人だけだ。ゼロという場合もあるかもしれない。

こうしたｘｙｚ仮説のｘの値が異なるもう一つの理由は、かかわる「身銭」の額が仮説ごとに異なるからだ。具体的にはこんなふうにだ。

〈ｘｙｚ仮説①〉有効なメールアドレス一件につき一ポイント
〈ｘｙｚ仮説②〉一時間の説明会に出席した人一人につき六〇ポイント
〈ｘｙｚ仮説③〉一週間のクラスに出席するために三〇〇ドル払った人一人につき九〇〇ポイント（三〇〇ドルの支払いに対して三〇〇ポイント＋クラスに出席すれば少なくとも一〇時間を費やすことになるため、その分が六〇〇ポイント＝合計九〇〇ポイント）

「身銭」の額が増えるにつれ、当然ながら反応者の数は減っていく。その点は心づもりしておこう。また、こうした数値はいまのところ、ベストの推測値でしかない。少しは近いのかどうかは、実験の結果でわかる。もしかすりもしないようなら、暫定的な仮説を修正し、次のステップもその修正内容に合わせて変えていくことになる。

当初の数字は、とりあえずの当て推量でしかない。その目的は、議論を活発にして、意見の食い違いや対立を表面化させ、解消できるようにすることにある。もしＢｕｓＵが現実のプロジェクトで、私たちがこのアイデアを検討しているチームの一員だった場合、ｘｙｚ仮説を立てる際には、いくつかの候補を挙げて二時間ほど議論したうえで二、三の仮説に絞るだろう。

こうした仮説はおそらく、その後、実験を何回かおこない、さらに検討するにつれ、修正することになるはずだ——場合によっては、まったく新しいものを考案する必要も出てくるかもしれない。それで当たり前だ。そのための仮説なのだから。

というわけで、これらのｘｙｚ仮説は、最も適切な仮説ではないかもしれないし、数値もたたき台にすらならないかもしれない。あなたならもっとうまく対処するかもしれないし、別の対処をするかもしれない。その点を理解したうえで、先に進むことにしよう。

まず「時間」と「金額」から検証する

「ｘｙｚ仮説」は三つあるので、どれを最初に検証するかを選ばなければならない。いずれの仮説も有益なデータを提供してくれるはずだが、どれから手をつければいいだろう？

すでに「ローカルに検証する」という戦術は使っているので、今回は「四八時間以内に検証する」と「とことんコストを落として挑む」という戦術がこの選択に役立つかを試してみよう。それぞれのｘｙｚ仮説を「データまでの時間」と「データまでの金額」という観点で評価・採点するのだ。では、やってみよう。

〈ｘｙｚ仮説①〉サンフランシスコからマウンテンビューに通勤するグーグルのエンジニアで、「ＢｕｓＵ」のことを耳にした人の少なくとも四〇パーセントが、「BusU4Google.com」のウェブサイトを訪問し、今後の開講時に知らせてもらえるよう、自分のグーグルメールのアドレスを教えてくれる。

〈ｘｙｚ仮説①〉を検証するために必要なのは、少なくとも一〇〇人のグーグルのエンジニアに接触することと、シンプルなウェブサイトを用意することだけだ。それぐらい二日もあればできるだろうし、必要な費用もごくわずかだ。だから、この仮説を検証するためにかかる時間と費用はこれくらいだろう。

データまでの時間――約四八時間
データまでの金額――一〇〇ドル未満

これなら理想的だ。〈xyz仮説②〉はどうだろう？

〈xyz仮説②〉サンフランシスコからマウンテンビューに通勤するグーグルのエンジニアの少なくとも二〇パーセントが、BusUについて詳しく学ぶために一時間のフンチタイム説明会に出席する。

〈xyz仮説②〉を検証するには、一〇〇人のグーグルのエンジニアに接触することはやはり必要なうえ、少なくとも数時間をかけて説明会の資料を作成しなければならない。グーグルの社内カレンダーに掲載してもらう、告知メールを送るといった手続きにも二週間ほど要するだろう。この実験をおこなえば、より多くの「身銭」が手に入る。しかし準備にかかる手間ひまは、〈xyz仮説①〉よりも多い。概算するとこんな感じだろう。

データまでの時間──少なくとも三三六時間[*9]（二週間）
データまでの金額──一〇〇ドル未満

それほど悪くはない。しかし「検証するのは、後よりもいま」というのが私たちのモットーで、〈xyz仮説①〉のほうがYODも早く手に入る。だから、当初のプレトタイピングの対象として最も有力なのは、引き続き〈ｘｙｚ仮説①〉ということになる。
〈ｘｙｚ仮説③〉についても見てみよう。

〈ｘｙｚ仮説③〉サンフランシスコからマウンテンビューに通勤するグーグルのエンジニアの少なくとも一〇パーセントが、人工知能（ＡＩ）を専門とするスタンフォード大学教授がバス内で教える一週間のクラス「はじめての人工知能（ＡＩ）」を受講するために三〇〇ドル支払う。

この仮説を検証するには、〈ｘｙｚ仮説②〉よりもさらに多くの時間と労力が必要になる。協力してくれる大学教授を（おそらく謝礼を払って）確保したり、バスをレンタルしたりしなければならないからだ。これくらいはかかるだろう。

データまでの時間――少なくとも六七二時間（四週間）
データまでの金額――五〇〇ドル以上

一般的な市場調査をすることを思えば、これなら早いし格安といえるかもしれない。
しかし、「プレトタイピング」を学んだ私たちにとっては、この段階で費やす時間や費用としては明らかに多すぎる。Chapter 7で述べたように「検証するのは、後よりもいま」で「なるべく安くしよう」なのだ。

結論としては、現時点でYODを最も早く低コストで入手できそうなのは〈xyz仮説①〉ということになる。

私たちの戦術と指標を活用することで、二日ほどの時間とごくわずかの費用で最初のデータを手に入れられそうなxyz仮説を見出すことができた。もし第一弾の実験シリーズで〈xyz仮説①〉の正しさが立証されれば、もう少し時間と費用をかけて〈xyz仮説②〉を検証する価値はあるという証拠(YOD)になる。そしてもし〈xyz仮説②〉も正しいということになれば、ずっと多くの時間と費用を費やして〈xyz仮説③〉を検証しても妥当だろう。しかし、それは後々考えればいい。すばらしいスタートが切れたのだから、さっそくプレトタイピングに移ることにしよう。

欲しいデータを得るためにプレトタイピングをどう選ぶのか

これから検証する仮説を、もう一度確認しておこう。

〈xyz仮説①〉サンフランシスコからマウンテンビューに通勤するグーグルのエンジニアで、「BusU」のことを耳にした人の少なくとも四〇パーセントは、「BusU4Google.com」のウェブサイトを訪問し、今後の開講時に知らせてもらえるよう、自分のグーグルメールのアドレスを教えてくれる。

次に私がおこなうのは、こんな質問を自分にたずねることだ。「私たちの〝y〟、つまりターゲット市場である〝サンフランシスコからマウンテンビューに通勤するグーグルのエンジニア〟に接触するためには、どんな方法が最適だろう？」

グーグルのことは知らないわけではない。おそらく同僚とカープール（相乗り通勤）したい人や会社のシャトルバスを利用したい人向けに社内ウェブサイトやメーリングリストを用意しているはずだ。

試しにグーグル社員の友人に聞いてみると、その手のリソースの一覧をくれた。どうやら「MTVCarPoolers」という非公式の（つまり、社員が自主的に管理している）メーリングリストもあるらしい。メンバーは一六〇〇人以上。これは使える！

さっそく私は、そのメーリングリストの管理者であるベスを紹介してもらい、ＢｕｓＵのアイデアを説明するために会ってもらう約束を取りつけた。

その結果、ベスもこのアイデアを気に入り、実験を手伝ってくれることになった。彼女に確認したところ、メーリングリストのメンバーの半数以上（正確には八二〇人）がマウンテンビューのメインキャンパスにサンフランシスコから通勤しているという。完璧だ。少なくとも八種類の実験を、一〇〇人ずつのグループを対象におこなえる計算になる（今回はターゲット市場を代表するグループを対象に実験するので、一〇〇人は統計的に有意な結果を得られる適切なサンプルサイズになる）。

ターゲット市場に簡単に（そのうえ無料で）接触できるめどはついた。次はプレトタイプ用のウェブサイトを用意して、最初のYODを収集するためのインターネット上の窓口を開設する必要がある。

それらしいドメインネームを購入し、BusUのコンセプトを紹介・説明する三ページほどのウェブサイトを作成する。ドラッグ&ドロップ方式のウェブサイト制作サービス（スクエアスペース〈Squarespace〉、ウィーブリー〈Weebly〉、ウィックス〈Wix〉など多数ある）を使えばごく簡単だ。このために必要な投資は二〇ドルと二時間ほどの自分の時間だけ——早くて簡単、低コストだ。

ウェブサイトには、BusUのサービスの概要の他、提供予定のクラスのラインナップと担当教授の略歴を掲載しておく。ウェブサイト訪問者がもっと詳しい情報を知りたい場合、こんな資料請求フォームに記入してもらう（これが「身銭」だ）。

〈お名前〉

〈メールアドレス〉
〈グーグルでの部署・職種〉
〈興味のあるクラスや分野〉
〈ご意見・ご質問〉

できるだけ倫理的なウェブサイトを目指す

プレトタイプ用のウェブサイトと資料請求フォームをベスに見せたところ、一か所だけ変更を求められた。このサービスがまだ実在しない、検討中のもので、需要があれば実現する確率が高いことを明記してほしいという。

つまり、アイデアをまず検証するという姿勢は大事だが、なるべく倫理的にやろうということだ。私はもちろん賛成し、すぐに必要な変更をおこない、ベスと相談しながら案内メールを完成させた。このメールをサンフランシスコ―マウンテンビュー間の通勤者リストに掲載された、最初の一〇〇人に送ることになる。

翌朝、ベスはメールを送信した。すると四時間もしないうちに八八人がウェブサイトを訪れ、六二人が資料請求フォームに記入した。やったぞ！　対象者の四〇パーセントくらいは資料請求してくれるだろうと思っていたが、六二パーセントが請求してくれた。

しかし、集まったデータを少し詳しく見てみると、資料請求者のほぼ全員がサービスは無料かどうかをたずねていた。無料でない場合、いくらかかるかとグーグルからの補助があるかどうかを知りたいという。しまった！　こうした金銭面の情報は、案内メールかウェブサイトでもっと明確にしておくべきかもしれない。とくにグーグルの社員たちは無料の食事やマッサージをはじめ、数々の特典に慣れている。

結果をベスに報告したところ、やはり次回は案内メールとウェブサイトの両方を修正したほうがいいということになった。あらかじめ費用について伝えておくためだ（クラスは一〇週間で三〇〇〇ドル――バス代は含む）。グーグル公認の教育プログラムではなく、学費の全額を自己負担する必要があることも明記しておいた。

とはいえ、次の実験を開始する前にやっておきたいことがある。この最初の実験をＴＲＩメーター上でどう評価するか考えてみよう。また必要なら、私たちの仮説をどう調整するかも検討する。

結果を慎重に分析し、次につなげる

今回検証した〈ｘｙｚ仮説①〉では四〇パーセントの反応率を予想しており、実験では六二パーセントというきわめて有望な結果が出た。この結果は私たちの期待を上回るもので、需要が高いことを示している。普通ならこれだけいい数字(期待をはるかに上回る好結果)が出れば、アイデアが成功する見込みは「きわめて高い」とみなしていいだろう。

しかし、今回の実験では、受講料が高額(三〇〇〇ドル)であることを案内メールで知らせていなかった。ＢｕｓＵのクラスは無料(または、グーグルが受講料分を後から補助してくれる)と思い込んだスタッフも多かった可能性もある。

そこで結果を解釈するにあたっては、保守的な立場を取ることにした。このアイデアが成功する見込みは「きわめて高い」ではなく、「高い」にしておこう(二九七ページの図)。

もっと慎重な立場を取って、成功する確率を「五分五分」としたり、不良データと見なして無視したりすることもできただろう。

しかし、どんなアイデアであれ(あるいは、どんな市場であれ)、六〇パーセント以上の反応があることはきわめて珍しい。だから今回の結果は、市場の関心がきわめて高いと考えることにした。

「新製品失敗の法則」を決して忘れてはならない

初回の結果はかなり有望だった。しかし、ほとんどの新しいアイデアは市場で失敗する、

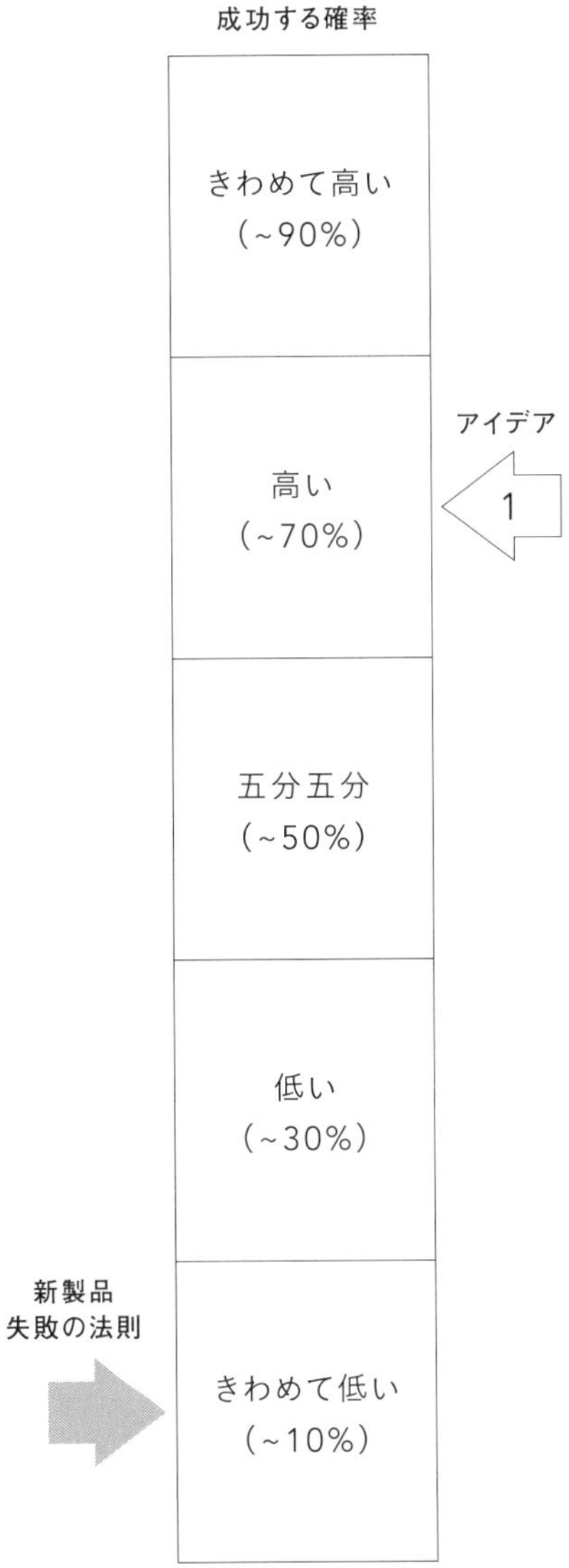
成功する確率
きわめて高い
(~90%)
アイデア
高い
(~70%)
1
五分五分
(~50%)
低い
(~30%)
新製品
失敗の法則
きわめて低い
(~10%)

という「新商品失敗の法則」を忘れてはならない。「新製品失敗の法則」につぶされないためには、もっと多くの実験で成功する――肯定的な証拠が圧倒的に多くなる――必要があるのだ。

私がプレトタイピングによって得られたデータを分析している間、ベスはグーグルの教育プログラムの担当者と面会し、現時点ではＢｕｓＵは費用補助の対象として承認してもらえないというニュースを持ち帰った。サービスがもっと確立し、すでに認可されている従来の教育機関に匹敵するサービスを提供できると立証しないかぎりは難しいらしい。

なんてことだ……。もしかしてリンクトインも同じようなポリシーなのだろうか？　同社に勤める友人に頼んで確認してもらったところ、このように返ってきた。「研修として費用負担の対象になるかを審査してもらうには、ある程度の実績があるか、認可を受けた教育機関であることが前提らしいよ」

どうやら会社が費用負担してくれるという見通しは、私たちの仮説から取り除いたほうがよさそうだ。がっかりだが戦術としても紹介した「四八時間以内に検証する」という考え方は悪いニュースにも当てはまる。ＢｕｓＵのサービスが確立されるまで企業の補助が当てにできないのなら、さっさとわかるほうがいいだろう。

私は案内メールとウェブサイトの両方を修正した。ＢｕｓＵの授業料が三〇〇〇ドルであり、グーグルの学費補助制度の対象には——少なくとも現時点では——ならないことを明確に打ち出した。その後、祈るような気持ちで対象者リストの次のグループ（一〇〇人）にメールを送った。

よくない結果のとらえ方しだいで成功に近づく

今回の結果は、前回に比べるとややぱっとしない感じだった。ウェブサイトを訪問したのは四二人だけで、情報請求フォームに記入するところまでいったのはわずか二二人だ。この結果を受けて、がっかりはしたが、驚きはしなかった。費用が三〇〇〇ドルなうえ、（少なくとも現時点では）会社もスポンサーになってくれないのだ。関心をもつ人が少なくても当たり前だ。

このような結果のときこそ、私たちの戦術を活用して創造性を発揮させるときである。

二二パーセントという反応率は、当初の予想（四〇パーセント）のほぼ半分。しかし、この二二人が三〇〇〇ドルを自腹で出してもいいと思ってくれているのなら、この数字はむしろ相当いい結果だ。

反応率が低かったことは事実である。しかし、今回反応してきた人々は、もっと多くの「身銭」を切ってくれようとしている（グーグルからの補助を当てにするのではなく、白腹で受講料を払うつもりでいてくれるからだ）。

こうした変化を反映させるためには、〈ｘｙｚ仮説①〉はこんな感じで調整できるだろう。

- 市場の反応に対する予想値（ｘ）を四〇パーセントから二〇パーセントに引き下げる。
- 費用が三〇〇〇ドルであることを明言する。
- 会社の学費補助制度の対象ではないことをあらかじめはっきり伝える。

調整後の〈ｘｙｚ仮説①〉はこんなふうになるだろう。

〈ｘｙｚ仮説①Ａ〉サンフランシスコからマウンテンビューに通勤するグーグルのエンジニアで、「ＢｕｓＵ」（受講料は三〇〇〇ドルで、会社の費用補助の対象ではない）のことを耳にした人の少なくとも二〇パーセントが、「BusU4Google.com」のウェブサイトを訪問し、今後の開講時に知らせてもらえるよう、自分のグーグルメールのアドレスを教えてくれる。

または、こんな対応でもいいかもしれない。

- 四〇パーセントはそのままにする。

- 授業料を安くしてみる（たとえば一〇〇〇ドル）

この場合には、〈xyz仮説①〉は次のようになる。

〈xyz仮説①B〉サンフランシスコからマウンテンビューに通勤するグーグルのエンジニアで、「BusU」（受講料は一〇〇〇ドルで、会社の費用補助の対象ではない）のことを耳にした人の少なくとも四〇パーセントが、「BusU4Google.com」のウェブサイトを訪問し、今後の開講時に知らせてもらえるよう、自分のグーグルメールのアドレスを教えてくれる。

あるいは〈xyz仮説①〉はそのままにして、②か③を検証するという考え方もあるだろう。選択できるオプションはいくつかある。ところが、次のステップを私たちが検討している間に思ってもみなかったことが起こった……。

「グーグルの社員」から舞い込んだ思わぬ幸運

こんなメールが舞い込んだのだ。ボブというグーグル社員からだった。

「アルベルトさん、はじめまして。ＢｕｓＵのことを通勤仲間のエミリーから聞きました。とてもいい企画なので、ぜひ講師役を務めさせてもらえないかと思いご連絡しています。いちおうバークレーで人工知能（ＡＩ）分野の博士号（ＰｈＤ）を取得していて、使えそうなカリキュラムも手元にあります。『はじめての機械学習』という一〇時間の短期講座をバークレーとグーグルの両方で何度か教えたことがあるからです（ちなみに学生からの平均評価は、五段階の四・八です）。私にとってもとても楽しい経験になりそうなので、お金をいただく必要もありません。いつからやりましょう？」

思いがけないメールと「人工知能（ＡＩ）分野の初心者向けクラスを無料で教えてもいい」という申し出に私は興奮した。あまりにもうまい話で信じられないくらいだ。〈ｘｙｚ仮説③〉を覚えているだろうか？

〈ｘｙｚ仮説③〉サンフランシスコからマウンテンビューに通勤するグーグルのエンジニアの少なくとも一〇パーセントが、人工知能（ＡＩ）を専門とするスタンフォード大学教授がバス内で教える一週間のクラス「はじめての人工知能（ＡＩ）」を受講するために三〇〇ドル支払う。

ボブはスタンフォード大学の教授ではないし、機械学習は人工知能（ＡＩ）研究の一分野でしかない。しかし十分代わりになる。これは大チャンスだ！

初回のプレトタイプ時のデータを念入りに検討し、この新しい展開も考慮したうえで行動シナリオを練り直す。その後、ボブにも直接会い、〈ｘｙｚ仮説③〉をこんなふうに修正した。

〈xyz仮説③A〉サンフランシスコからマウンテンビューに通勤するグーグルのエンジニアの少なくとも一〇パーセントが、同じグーグル社員がバス内で教える一週間のクラス「はじめての機械学習」を受講するために三〇〇ドル支払う。

一つずつ問題を解決していく

私は次に、地元の貸切バス業者数社に電話をかけた。四〇人乗りのバスを（運転手つきで）サンフランシスコからマウンテンビューまで手配するには、一日一〇〇〇ドル、一週間で五〇〇〇ドルかかるらしい。また、バスによってはテレビモニターを搭載しているとのことで、講師はスライドを映し出したり、電子黒板代わりに使ったりできる。一つ、問題解決だ。

試算すると、この一週間コースに少なくとも二〇人の受講生を集めれば（受講料は各三〇〇ドル）、貸切バスの費用をまかなえることが判明した。そのうえ、こうしたサービスを運営する貴重な実地体験が得られ、ボブにお礼することまでできる。前回の実験で得たＹＯＤにもとづいて考えれば、二〇〇人のグーグル社員に案内メールを送れば、少なくともその一〇パーセントに申し込んでもらえるはずだ。もしそれ以上の申込者が集まるのなら、それに越したことはない――バスは四〇人まで乗せられる。

私はベスにボブから申し出があったことを伝え、新しい計画についても説明した。彼女は大喜びで、さらに熱心に協力してくれるようになった。「グーグルの社員が他の社員に教えるっていうのがいいわよね」講師を務めるボブの都合を確認したうえで、私は現実におこなうはじめての講座をウェブサイトに告知し、申し込みと受講料のオンライン決済を受けつけるためのページを追加した。

翌日、ベスはリストに掲載された二〇〇人のグーグル社員にメールを送信した。

そのメールでは、クラスの内容と日程の他、受講料が三〇〇ドルであることを明記し、グーグル公認のサービスではなく、新会社をつくるための試験的プログラムであることもはっきり打ち出した。

また、会社の学費補助制度の対象にはならないこともきちんと書いた。

データを収集し続ける人だけに見えてくる世界

二日もしないうちに四八人が申し込み、受講料を支払った！　初回講座は満員御礼で、キャンセル待ちリストに八人が名を連ねることになった。反応率でいえば二四パーセント（二〇〇人中四八人）だ――〈ｘｙｚ仮説③Ａ〉に対する私たちの予想（一〇パーセント）よりもずっと高い。かなりいい感じだ。

これでＢｕｓＵ名義の銀行口座には一万四四〇〇ドルの資金が入った――「身銭」換算では一万四四〇〇ポイントだ（三〇〇ドルの支払いにつき三〇〇ポイントで、それに申込者数の四八をかける）。私が望んでいたＹＯＤがかなり集まった。こうした受講生たちは多くの時間をＢｕｓＵに投資することにもなる（だから、じつは「身銭」はもっと多い可能性がある）。しかし、どちらにしても同じだけの時間を通勤に使うことになるため、今回は念のために計算には入れないことにした。とにかく出発進行だ！

私は貸切バスを手配し、二週間後の雨降りの月曜日、朝八時半に、第一回目のＢｕｓＵクラスが三五人の受講生を乗せてサンフランシスコを出発した。

なぜ三五人かというと、まず申込者のうち三人は都合が悪くなり、受講料を返金してほしいといってきた。また遅刻してバスに乗れなかった人も二人いた。残念ながら、キャンセル待ちの人々に空いた席を埋めてもらうにはどちらも遅すぎるタイミングだった。私はこうした人々に返金したが、今回の費用をまかなうだけの資金は十分に残った。

しかし、もしこの企画を推し進めていくようなら、こうした事態をあらかじめ見越して、返金や欠席時のポリシーを決めておくべきだろう。もしかしたら航空会社がやるように座席を五～一〇パーセントほどオーバーブッキングしてもいいかもしれない。プレトタイプをおこなうことで、こうした実世界の経験を積みながら、データを収集できる。

明るい面に目を向ければ、二日目以降のクラスはきわめてスムーズに進行した。三五人全員が一週間のコースを修了し、ＢｕｓＵ第一期生として修了証書を手にした。

次はどうするべきか？　今回の実験は成功したが、もっとデータが必要だ。

とくにＢｕｓＵに対する当初の関心の高さが、継続的な需要につながるのかをぜひ知りたい。ほとんどの場合、ビジネスを成功させて採算性も維持するには、リピーター客を確保する必要がある。ＢｕｓＵも例外ではない。最初の講座に申し込んだ顧客のどれだけ多くが別の講座にも申し込むだろうか。

アンケートの「ひと工夫」で「身銭を切ってくれるか」確認できる

講座終了後に受講生がアンケートを記入し、内容や講師を評価することは慣行として定着している。また、そうしたアンケートには、こんな質問が含まれていることも少なくない。

「BusUを再び利用して、別の講座も受講したいと思いますか？」

「同僚にもBusUを勧めたいと思いますか？」

しかし、あなたはもうわかるはずだ。こうした「……と思いますか？」という質問の答えは、**興味深い発見を多少もたらしてくれる可能性もなくはないが、「データ」とは見なせない。**なぜなら、「身銭」を伴っていないからだ。そこでボブと私は、「身銭」のない仮定上の質問をする代わりに、講座を受講した人々にメールを送って、次回講座に関する「身銭」のオプションを二通り提示した。

〈オプション1〉全一〇週間の人工知能（AI）講座　受講料三〇〇〇ドル（当初の計画どおりのスタイル）

〈オプション2〉一週間のフォローアップ講座「機械学習　初級編」　受講料三〇〇ドル

そのうえで、感想やアドバイスがあればぜひ共有してほしいと書いておいた。

二日後、私たちは新たに手に入れたデータを検討した。

・一週間のフォローアップ講座には、二一人が申し込んだ。これはすばらしい結果だ。半分以上の受講生がまた参加したいといってくれたのだから。

・三〇〇ドルする全一〇週間の講座に申し込んだ人はゼロだった。

・受講生の多くから「朝のセッションは非常に楽しく収穫も多かったが、夜のセッションはついていくのにかなり苦労した」といったコメントが寄せられた。丸一日働いた後には疲れきっているため、ただサンフランシスコまで送ってもらってリラックスできるほうがいいらしい（講師役のボブからも、夕方のセッションのほうがずっと大変だったと打ち明けられた。彼も疲れているからだ）。

これらは、アイデアを「想像の世界」から出してプレトタイプすることで入手できる、価値あるYODの現実的な例だ。

こうしたデータが明確に示していることは、当初のアイデアだった三〇〇〇ドルの一〇週間のクラスよりも、三〇〇ドルの一週間のクラスのほうが人気になる確率が高く、企画やスケジュール調整、販売もはるかに簡単だろうということだ。そのうえ、朝のセッションは好評なものの、夕方のセッションは教える側・教えられる側の両方にとって負担が大きいことも学んだ。一日の終わりには誰もが疲れているからだ。

その後の六週間で、私たちはあと二回のプレトタイピング実験をおこなった。どちらも一週間のクラスを使ったもので、一回はグーグル社員対象、もう一回はリンクトイン社員対象でだ。こうした実験の結果も〈xyz仮説③A〉と一致し、裏づける内容となった。つまり、この仮説は格上げしてデータと見なしていいということになる。最初のYODがついに手に入ったのだ。

〈YOD1〉実験対象者六〇〇人のうち、一三二人（二二パーセント）のグーグルまたはリンクトインに勤めるエンジニアでサンフランシスコからマウンテンビューに通勤する人が、人工知能（AI）をテーマにしたBusUの一週間のクラスを受講するために三〇〇ドル支払った。

このYODは、四万ドル近い「身銭」を伴っている（三〇〇ドル×一三二人）。そのうえ、プレトタイピングをおこなう過程で、さらに多くの価値あるYODが手に入った。その一部をここに挙げておこう。

〈YOD2〉受講料三〇〇ドルの人工知能（AI）をテーマにした一週間のクラスの修了後、

受講料三〇〇〇ドルで一〇週間のクラスに申し込んだ人は、一三二人中ゼロ（〇パーセント）だった。

〈YOD3〉受講料三〇〇ドルの人工知能（AI）をテーマにした一週間のクラスの修了生の四八パーセントが、同じ値段の別の一週間クラスに申し込んだ。

〈YOD4〉申込者の約一二パーセントは何らかの理由で初回授業に参加できず、返金してくれといってくる。

〈YOD5〉受講生の八九パーセントが授業は朝だけのほうがありがたいと思っている。

私たちはBusUの事業計画を立てる際、意見や他人のデータ（OPD）、その他の検証されていない想像に振り回されて時間をムダにするのではなく、その時間をデータ収集のために有効活用し、実際にビジネスチャンスがあることを証明した。**事業計画を立てるときには、くれぐれもビジネスチャンスがあることを確認するのを忘れないようにしよう。**

ついにたどりついた！　最高のアイデア、最高のサービス！

こうしたYODが語る内容はあまりにも明白だ。ハイテク系の専門職に就く人々のかなり大勢がBusUの一週間のクラスに関心を示したが、それより長期間の（そのうえずっと高価

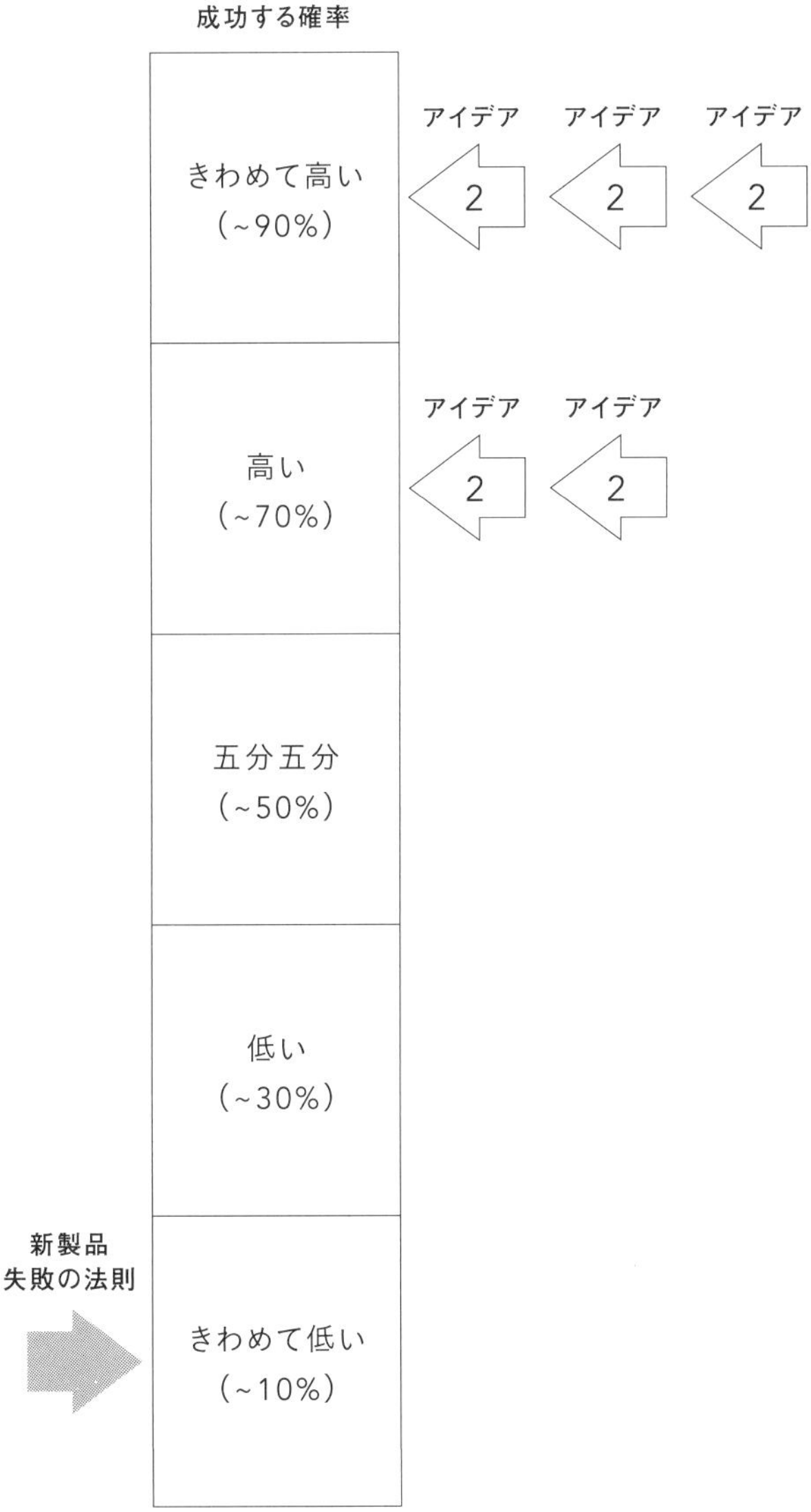
成功する確率
きわめて高い
(~90%)
アイデア
2
アイデア
2
アイデア
2
高い
(~70%)
アイデア
2
アイデア
2
五分五分
(~50%)
低い
(~30%)
新製品
失敗の法則
きわめて低い
(~10%)

な）クラスには関心を示さなかった。

だから、少なくとも現時点では、一〇週間のクラスを三〇〇〇ドルで提供するというアイデア〈アイデア1〉はあきらめるべきだろう。代わりに、私たちは一週間で三〇〇ドルのクラス〈アイデア2〉に専念することにした。ただし、前回の計画からはひとひねりする。正式な授業をおこなうのは朝だけにし、夕方はもっとリラックスした雰囲気の、講師への質疑応答タイムにすることにした。

私たちはXYZ仮説とxyz仮説をアップデートし、この新しいビジネスモデルを検証するためにさらに数回のプレトタイピング実験をおこなった。またその過程でさらなるYODを入手し、価値ある新発見をしていった（たとえばバスの車内でコーヒーや軽食を受講生に販売すれば、六〇ドルほどの追加収入になる）。

三〇〇ドルのクラスに関するビジネスモデル〈アイデア2〉について実験を五回おこなった後、TRI（ザ・ライトイット）メーターは三一一ページのようになった。

どうやら新バージョンのBusUは、「ライトイット」である可能性がかなり高いと考えてよさそうだ。あなたにもそう思っていただけるのではないだろうか。

この章を終わる前に、今回の例に関していくつか重要な点を指摘しておきたいと思う。

〈ポイント1〉

アイデアを検証する過程で私たちが収集した「身銭」を伴った一次データ（つまりYOD）は、ベンチャーキャピタルから資金提供を受けようとする場合には、需要があることを示す強力な証拠となるだろう。

- 希望と誇大広告に満ち、妄想上の収支予測（五年間）を盛り込んだ「想像の世界」の事業計画の代わりに、私たちは実際のコストや売上、利益を報告できる。そのうえ無視できない「身銭」、つまり市場からのフィードバックも提示できる（たとえば、講座をはじめて受けた人の四八パーセントが、その後に別の講座も少なくとも一回は申し込んだなど）。
- すでに数回の講座を成功させた実績をもとに、こうしたビジネスを運営する方法を心得ている（＝アイデアを立派に実現できる能力がある）こともアピールできる。
- 自ら「身銭」（時間と資金）を切ってアイデアを検証し、さまざまな問題や障害に対処してきたことで、このプロジェクトに対する熱意と根気強さを証明できる。
- 収集したデータにもとづいて当初のビジョンやビジネスモデルを微調整したことで、市場の反応にすばやく柔軟に対応できることを示した。目まぐるしく変化する市場で成功するために欠かせない、二つの特徴（柔軟さと敏捷《びんしょう》さ）を備えていることを示した。

こうしたデータやエビデンスをすべてそろえ、目当ての投資家に示せたとしたら、資金を提供してもらえる見込みを大幅に増加できるだろう。それだけでなく、バリュエーション（企業価値評価）を上げてもらうよう交渉する際にも有利になる。

〈ポイント2〉

この例は、私たちの手法を具体的に説明するための架空のシナリオだが、私が通勤渋滞に巻き込まれた際にＢｕｓＵのアイデアを思いついたのは本当で、ビジネスを立ち上げることをしばらく真剣に検討してもいた。ここで述べたことも、合理的で実行可能なことばかりだ。グーグルは実際に自社社員向けの無料通勤バスを運行しているし、学費の払い戻し制度も用意している。貸切バスも一日一〇〇〇ドルほどで手配できる。授業を担当する人工知能（ＡＩ）の専門家を何人か見つけられる自信もある。

〈ポイント3〉

この例はハッピーエンドになりそうな感じだが、アイデア自体は当初のバージョンからかなり様変わりしている。もし一〇週間で三〇〇〇ドルの単位認定クラスという当初の計画をフルスピードで実行していたら、いまごろ大ケガしていたはずだ。もともとのアイデアは「ロングイット」だったが、実験と微調整を繰り返すことで「ライトイット」のバージョンを発見できたのだ。

〈ポイント4〉

このBusUの事例を盛り込んだのは、これまで学んできたツールや戦術の組み合わせ方の一つを挙げ、その際に物事がどんなふうに進行する可能性があるかの一例とともに紹介したかったからだ。結果や物事の順序はそれぞれのケースで異なるだろう。

しかし一般的には、あなたの目標は、おおざっぱなアイデアを検証可能な仮説にして実験をおこない、そうした実験からデータを入手して、それをもとに次のステップに関する十分な根拠にもとづいた意思決定をすることだ。

入手するデータの種類や質により、次のステップは変わってくる。アイデアや仮説の微調整（および、さらなる検証）で済む場合もあれば、アイデアを白紙撤回せざるをえない場合もあるかもしれない。ひょっとしたら、自分のアイデアが「ライトイット」である可能性が高いと判明し、計画を推し進めるという幸運が巡ってくるかもしれない。

Chapter 9

最終結論

失敗できない人の失敗しない技術

私のノートには次のような不吉な文章が書き記されている。

「それ」は待ち続ける。忍耐強く。
獲物はじきに手に入る――いつもそうだ。
いったん噛《か》みつかれて助かった者は少なく、その触手にかかれば観念するほかない。
「失敗」という怪物は、私たち誰もを、いつか必ず手に入れる。

私がこの陰気な文章をノートに走り書きしたのは、共同創業者として立ち上げた事業が失敗に終わった直後だった。なぜこんなはめになったのかを理解しようと机に向かっていたとき、ペンが勝手に動いたといったほうが近いかもしれない。

お察しのとおり、当時の私は絶好調とはいえない状態だった。これまでの人生でも、とびきりつらい失意の期間だった。理由は二つ。その一つはわかりきった理由で、もう一つはやや個人的な理由だ。

自分だけは「失敗とは無縁」だと思っていた

一つ目の理由はシンプルだ。きわめて順調なスタートを切って、世界有数のベンチャーキャピタル三社から合計約二五〇〇万ドルの資金提供を受けたのち、一流の人材が一〇人以上も集まって、五年間、朝から晩まで奮闘したあげく、閉業・事業売却という結果に終わったからだった。私だけでなく関係者の多くが、つらく恥ずかしい思いをしたのは言うまでもない。しかし、遅かれ早かれ全員が立ち直り、次なる目標を見つけることは確実だった。

投資家や取締役会の面々、弁護士たちとの最終会議もそう楽しいものではなかったが、想像したほど修羅場でもなかった（私はここまで大きな規模の失敗をしたのははじめてで、いわば「初心者」だった）。怒鳴ったり、怒ったりする人はなく、名指しで批判するような場面もなかった。むしろ会議の雰囲気は、がっかりだが了解した、といった感じに近く、驚いたことに、さも当然といった空気さえ流れていた。

いまになって思えば、こうした投資家や取締役、弁護士たちは、まったく同じシナリオ、つまり「卓越したアイデア＋すぐれた事業計画＋豊富な資金＋優秀で経験豊かなチーム＋事業計画をきちんと実行＝失敗」をすでに何度も経験していて、慣れっこだったのだろう。ほとんどのスタートアップ企業は失敗に終わる。成功間違いなしの有望株に見えたとしても、例外ではない。

私の場合、スタートアップ企業が失敗に終わる確率はきわめて高いという統計を知らないわけではなかったが、自分たちとはまったく関係がないと思っていた。

私たちは徹底的な価値やリスクの調査を受け、市場調査をおこない、申し分ない事業計画を策定し、世界有数の投資家から資金提供を受けていた。そのうえトップクラスの人材を集めて、約束したとおりの製品をつくりあげた。その製品は「ターゲット市場のニーズや欲求にもかない、完成したらぜひ買いたい」と言われていた。

必要な条件はすべて満たしたはずだった。

「では、どうして？　なぜ私たちが？」

もう何が何だかわからなかった。

「過ちを二度と繰り返さない方法」を見出したい

それが気分の晴れないもう一つの理由のもとになっていた。あまり一般的な悩みではないかもしれないが、はるかに根深く、長引きそうな感じだった。どうしてこれほど気になるのかというと、世の中しくみに関する自分の信念の一部が根底からくつがえされてしまったからだ。私が見習い、信じたレシピが使いものにならなかった。このことは私にとっては、ある日突然、「二足す二は四になる」という前提が成立しなくなるのと同じくらいショックな出来事だった。

私は当初、どうしていいかわからなかった。希望をなくし、裏切られたような気にすらなった。しかし徐々にだが着実に、そうした痛手やショックは建設的な欲求に変わっていった。こうしたことがなぜ、どのように起きるのかを理解したい。それも、たんに自分たちの場合だけではなく、新しいアイデアを世にもたらそうとする人たち全般について、一般法則として理解したい。そうすれば、今後はそうした失敗を避けやすくなるはずだ。

序章で述べたように、「失敗」という怪物にがぶりとやられた私は、反撃に出ることにした。少なくとも最悪の攻撃をかわして身を守るすべは学ぼう――そう決めた。

自分たちがどこでどう間違ったかを理解し、過ちを二度と繰り返さない方法を見つけて、世の人々と共有したい――その思いが形になったのが本書といっていい。

この締めくくりの章では、そうした発見を概説してまとめるとともに、最も重要なポイントをもう一度強調したい。また最後には、ややハイレベルで総合的なアドバイスと励ましの言葉を少しだけつけ加えた。

そもそもが間違ってはいないか?

Part Iでは、アイデアを成功させるためには数多くの「厳然たる事実」を受け入れなければならないことをお伝えした。どうして「厳然」などと改まるのかといえば、そうした事実は受け入れづらいうえ、避けることも簡単ではなく、今後変わっていく確率も低いからだ。なかでも親玉格が「新製品失敗の法則」だ。

ほとんどの新製品は市場で失敗する。
たとえ、きちんとつくって売ったとしてもだ。

新しい製品が市場で発売される段階までたどりついたとしても、ほとんどの場合は失敗する。なぜかといえば、もともと「ロングイット」だったからだ。「ロングイット」とは、たとえ適切に実現させたとしても市場で失敗する、そもそもが間違ったアイデアを指す。

もう一つ、「厳然たる事実」を挙げておこう。

デザインや性能、マーケティングがいかにすぐれていたとしても、「ロングイット」の製品やサービスはすべて「失敗」に終わる。

この二番目の事実を知れば、世界有数の大企業（たとえば、コカ・コーラやディズニー、グーグルなど）が手がけた新製品の多くが市場で失敗することにも合点がいく。

こうした「達人」たちが精魂込めてつくりあげた製品であっても失敗する。間違ったコンセプト（Premise）にもとづいていたからだ。「そもそも」の部分であるコンセプトが間違っていれば、市場は見向きもしない。デザインやつくり、宣伝がいかに巧みでも、誰が手がけてもだ。

こうしたことを説明したうえで、私は本書のヒーローを紹介した。それが「ライトイット」だ。「ライトイット」とは、適切に実現すれば市場で成功する新製品やサービスのアイデアを指す。そしてそれが三番目の「厳然たる事実」につながっている。

それは、**あなたが成功するための唯一のチャンスは、「ライトイット」の製品を手がけ、適切に実現した場合のみ**、ということだ。

しかしどうすれば、ある製品が「ライトイット」かどうかを実際につくる前に確かめられるだろう？　どうすれば、製品がこの世に存在してもいないのに需要の有無を確かめられるだろう？

こうした質問に対する、一見、理にかなった――しかし、破滅的に間違っている――答えは何度もお伝えしてきたとおり、「それが欲しいかどうか（または買うかどうか）、人々にたずねればいい」だ。

残念ながら、そうしたアプローチは「想像の世界」で生み出されて実行されるため、手に入るのは意見だけでデータではない。**人々の意見は、いわゆる「専門家」の意見も含めて、成功を予測するための信頼できる判断材料にはならない。**

というのも、私たちの思考プロセスやそこから生まれる結論は、どうしても一連の認知のゆがみや偏見の影響を受けてしまうからだ。「想像の世界」においては、「ロングイット（そもそもが間違った）」のアイデアでも、ターゲット市場から熱狂的にほめたたえられるものは多い（誤検出）。その一方で、多くの「ライトイット」のアイデアが、「くだらない」「ばかばかしい」と却下されてしまう（検出漏れ）。

だから新製品のアイデアを検証する場合には、人の言葉や考え、約束を当てにはできない。むしろ「想像の世界」に巣くう妖怪たちから一刻も早く逃げ出すべきなのだ。そのためには四番目の「厳然たる事実」を認め、行動の指針として取り入れる必要がある。

それが「**データは意見より強し**」だ。

ただし、データなら何でもいいわけではない。とくに他人のデータ（OPD）はまったく使いものにならず、最大限譲歩しても「不確か」というしかない。別の製品に関して、別のとき、別の対象に起きた出来事が、私たちの新製品のアイデアに当てはまるとは限らないからだ。
というわけで、次の五つ目の「厳然たる事実」では、どのような種類のデータが私たちに必要かを明らかにした。

あなたは、あなた自身のデータ（YOD）を収集する必要がある。

「データは意見より強し」で、YODはOPDに勝り、YODは、アイデアの成功率に関するさまざまなデータのなかでも最強の存在なのだ。データの収集や選別、分析が厳密かつ客観的におこなわれると仮定すれば、YODは最強最良のデータになる。
最後を飾る六つ目の「厳然たる事実」は、あなたのデータの質を保証するものだ。

正しいYODと見なされるためには、あなたが収集する市場データは何らかの「身銭」を伴う必要がある。

この新製品に関心がありますか、買う可能性が高いですかと市場にただ質問し、その答えを額面どおりに受け取ればいいのなら誰も苦労はしない。発言や約束を裏づける「身銭」をもらう必要があるのだ。この「身銭」は価値あるものなら何でもいいが、お金なら申し分ない。さまざまな「身銭」のなかでも、お金は、最も普遍的で数字にしやすいからだ。
しかし、YODを収集する際の「ニワトリが先か、卵が先か」という問題はどうすれば解決できるだろう？　製品をつくる前に、自分のアイデアが「ライトイット」かどうかを確かめられるのか？　そこで役立つのがPartⅡで学んだツールだ。

あいまいさを排除し、正確な仮説を立てろ

PartⅡでは、自分のアイデアが「ライトイット（そもそもが間違っていない）」かどうかを確かめるために必要な自分自身のデータ（ＹＯＤ）を手に入れるためのツールを紹介した。

信頼性の高いＹＯＤを手に入れるための第一歩は、「想像の世界」で身につけた、そのアイデアに対するあいまいな思考（漠然とした説明、暗黙の了解など）を排除して、なるべく詳しく明瞭に表現してみることだ。

このステップは、チームで作業する場合にはとくに役立つ。というのも、コンセプトに対するメンバー間の意見の食い違いを発見し、調整できるからだ。

どんな新製品のアイデアの舞台裏にも、「市場の反応に関する仮説（ＭＥＨ）」は何かしら存在する。ＭＥＨとは、市場がその製品にどうかかわるかについての私たちの予想（または希望）をざっくり述べたものだ。たとえば「セカンドデイ寿司」の場合、ＭＥＨは次のような内容だった。

「鮮度がイマイチの寿司でも、十分に安くすれば買う人は大勢いる」

ＭＥＨは出発点として欠かせないが、あまりにも漠然としすぎて検証できない場合も多い。そのため「数字にしよう」の精神で、漠然としたＭＥＨを明確なＸＹＺ仮説にする必要がある。その際には「少なくともＸパーセントのＹはＺする」のフォーマットを使う。

「パック寿司を食べる人間（Ｙ）の少なくとも二〇パーセント（Ｘ）は、通常のパック寿司の半額程度の価格で売られていれば、セカンドデイ寿司を試す（Ｚ）」

最後に、一般的なＸＹＺ仮説をいくつかの小規模なｘｙｚ仮説に変え、すばやく低コストで検証できるようにする。一例を挙げよう。

「今日のランチタイムにクーパ・カフェ（Coupa Café）でパック寿司を買う人間（ｙ）の少なくとも二〇パーセント（ｘ）は、通常のパック寿司の半額程度の価格で売られていればセカンドデイ寿司を試す」

三つの簡単なステップで、漠然とした大まかなアイデアを、明確に表現された、検証可能な仮説に変えることができた。これでｘｙｚ仮説も用意でき、ターゲット市場を対象にアイデアを検証する準備は整った。製品自体はまだないが、プレトタイピングをしながら前に進んでいこう。

最強の仮説検証ツール「プレトタイピング」

プレトタイピングは、私たちのアイデアを検証するうえで重要な役割を果たす。

プレトタイピングが伝統的なプロトタイピングと異なる点は、プロトタイプは通常、あるアイデアが実現可能かどうかや実現する場合の最適なアプローチは何かを確認し、予想どおりに機能するかどうかをテストするために、設計・製作・使用される点だ。

一方、プレトタイプを製作するのは、たった一つの――しかし、きわめて重要な――理由からで、「市場の反応に関する仮説（MEH）」を検証するためだ。

プロトタイプは「それをつくれるか？」という重要な問いに答える際に役立つ。一方、プレトタイプは「そもそもつくるべきか？」を教えてくれる。プレトタイピングをすれば、こうした質問にすぐさま低コストで答えられるのだ。

伝統的なプロトタイプを使った実験をおこなえば、何週間や何か月、ときには何年間とかかり、費用も何百万ドルもかかる。しかしプレトタイピングを使った実験なら、ほんの数時間や数日間でデータを入手でき、費用もほとんどかからない。

プレトタイピングの手法には、「メカニカル・ターク（機械じかけのトルコ人）」型、「ピノキオ」型、「ニセの玄関」型、「ファサード」型、「YouTube」型、「一夜限り」型、「潜入者」型、「ラベル貼り替え」型など、さまざまなものがある。

しかし、これらの手法以外にも、アイデアをプレトタイピングするための効果的かつ効率的な、楽しい手法は数限りなくあるはずだ。どんな新製品のアイデアにも、プレトタイプするためのすばらしい方法は少なくとも一つはあり、何らかのYODをわずか数時間で手に入れられる。

本書で紹介した手法を自分のアイデアに最適な形で使えるよう、変更や微調整したり、二種類以上を組み合わせたりするなど工夫してみてほしい。

集めたデータを「どう分析するか」で結果は変わる

工夫をこらしたプレトタイピング実験を何回かおこなえば、いよいよ最も有益で関連性の高い、信頼できる種類のデータが手に入るはずだ。これこそ、ターゲット市場直送の新鮮な「YOD」だ。

しかし、新鮮なYODを手に入れただけではまだ十分ではない。それを微調整および解釈して、意思決定に役立てる必要がある。「身銭測定器」と「TRI（ザ・ライトイット）メーター」という二つの分析ツールを使えば、収集したYODを厳しく客観的に評価・分析・解釈しやすくなるはずだ。

また、「身銭測定器」を利用すれば、収集したデータの価値を見きわめる際、どれだけ多くの「身銭」を伴うかという観点から適切に判断できる。

たとえば、二五〇ドルもらって予約注文してもらうことは、順番待ちリストに名前を載せるために五〇ドル前払いしてもらうことよりも価値がある。また五〇ドルの前払い金をもらうことは、メールアドレスをもらうことよりもずっと価値がある。何度もお伝えしてきたが、「意見」には何の価値もない。ＳＮＳ上での「いいね！」やコメントも同様だ。

「ＴＲＩ（ザ・ライトイット）メーター」とは、プレトタイピング実験の各回の結果をＸＹＺ仮説やｘｙｚ仮説に照らし合わせ、あなたのアイデアが「ライトイット」である確率をそのＹＯＤがどれだけ裏づけるかを判断するための視覚的なツールだ。

ＴＲＩメーターの目盛りは「きわめて低い」から「きわめて高い」までの五段階にわたっている。また、その左下では「新製品の法則」と書いた大きなグレーの矢印が「きわめて低い」を指しながら、新しいアイデアのほとんどは市場で失敗するという事実を忘れないように戒めてくれている。その矢印を目にするたび、こうした呪いに対抗するためには、期待できる実験結果が二、三回出ただけでは足りないと思い出せるだろう。

ほとんどの新しいアイデアは失敗する。だから実験を客観的に設計し、結果を公正に評価した場合には、実験のはじめの数回でＴＲＩメーターの評価が「低い」や「きわめて低い」になっても驚く必要はない。しかし根気よく続けていれば、特別に不幸な場合を除いて、最終的にはＴＲＩメーターの矢印は「高い」や「きわめて高い」を指すようになってくるはずだ。もちろん絶対の保証はできない。しかし——ツールの活用やデータの解釈をあなたが慎重かつ客観的、公正におこなったと仮定すれば——ＴＲＩメーターが十分肯定的になったところで、アイデアを実現させるプロセスの次の段階に進めるはずだ。

ツールをどのように使えば、勝てるのか

Part Ⅲでは、Part Ⅱで私たちが学んだツールをより効率的・効果的に使うための戦術をお伝えしている。具体的には、「グローバルに考え、ローカルに検証する」「四八時間以内に検証する」「とことんコストを落として挑む」などがあった。

こうした戦術は、実験を計画する際には「データまでの距離（ＤＴＤ）」や「データまでの時間（ＨＴＤ）」「データまでの金額（＄ＴＤ）」を最小にするべきだと教えてくれている。また最後に紹介した戦術『惜しいが〝はずれ〟ゾーン』を意識しろ」では、もし当初の数回の実験から得たＹＯＤが思わしい内容でない場合、あきらめる前に自分のアイデアを微調節してみることも重要だとお伝えした。そのアイデアの最初のバージョンは「ロングイット」なのかもしれないが、あと数回微調整すれば「ライトイット」に到達できる地点にいる可能性だってあ

る。検証して微調整する、というステップを何度か繰り返してみよう。

締めくくりの事例では、ＢｕｓＵ（学べる通勤バス）という事業アイデアを題材に、どれだけ多くのツールや戦術を適用・組み合わせ・実践できるかを総合的に学び、アイデアから仮説の設定、実験の実施、意思決定までの過程を一緒にたどった。

紹介した事例は現実的な内容で、予期しなかった問題やチャンスも含まれていた。これらは、実験しながら学んだことをもとに当初のアイデアや計画を微調整するのはまったく問題ないことを具体例で示している。問題ないどころか、まさしくそうすべきなのだ。

ここまで、かなり盛りだくさんの内容だった。すべてマスターするのは大変そうに思えるかもしれない。もっと短く（またはシンプルに）できるのなら、私もそうしたかった。しかし「物事はできるかぎり単純にすべきだが、必要以上に単純にしてはいけない」という格言もある（アルベルト・アインシュタインがいったとされている）。それに各ステップは論理的な順序で並んでいるので、覚えるのはそれほど難しくはない。多少練習すれば習慣になり、とくに考えなくてもおこなえるようになる。流れを左の図でもう一度おさらいしておこう。

成功する確率を上げるステップ

1. アイデアを思いつく。

↓

2. 「市場の反応に関する仮説（MEH）」を立てる。

↓

3. 「市場の反応に関する仮説（MEH）」をXYZ仮説（数字にしよう！）に変える。

↓

4. 「超ズームイン」をおこない、もっと小規模で検証しやすいxyz仮説をいくつか用意する。

↓

5. プレトタイピング手法を活用して実験をおこない、YODを収集する。

↓

6. TRIメーターと「身銭測定器」を用いて、YODを分析しやすくなるようにする。

↓

7. 次のステップを決める。

→ **a. やってみよう！**

アイデアが「ライトイット」と100パーセント確信できなくても今回のYODはかなり有望。リスクを計算したうえで賭けに出る価値はある。

→ **b. あきらめよう！**

アイデアを成功させたい気持ちはわかるが、YODはどうしてもうんと言ってくれないようだ。

→ **c. 微調整しよう！**（→ 1. へ戻る）

アイデアを検証する過程で、ターゲット市場とその意向（あなたの製品にどの程度かかわる意思があるか）についてたくさんの重要な発見があったことと思う。仮説をどんどん微調整し、学びを反映させよう。ひょっとしたら、そもそものアイデアは市場の関心を十分に集められなかったとしても、関連した別の何かが大きな関心を呼ぶかもしれない。どこかしら正反対にしてみると、面白い発想がわいてくる場合もある。

本書の技術を使えば必ず約束できる三つのこと

たとえ、これらをきちんと実行したとしても、こうしたステップによって市場での成功を一〇〇パーセント確実にすることはできない。どんなに有望でたんねんに検証されたアイデアでも、自分ではどうにもならない外的な要素によって市場で失敗することはある。そうした外的な要素をすべて予測したり、防止したりするのは不可能だ。

しかし、もし本書の内容をコツコツとまじめに実行していくのであれば、三つのことは約束できる。

〈約束1〉失敗する確率を劇的に低下できる。

もし適切に設計されたプレトタイピング実験を十分におこない、その結果が一貫して、仮説を明らかに支持していたとすれば、おそらく「ライトイット」のアイデアを見つけたと考えていい。「ライトイット」を手にすれば、勝率を一気にアップさせ、八割がた失敗する状態を八割がた成功する状態に一気に持ち込めるはずだ。

もちろんその際には、アイデアをきちんと実現すること、すなわち適切につくって、適切に売ることが前提になる。予期しない外的な出来事や不運に見舞われ、失敗してしまう恐れもまだ残っている。しかし、そんなことがもし起こった場合にも、次のことは約束できる。

〈約束2〉たとえ失敗しても、自分を軽蔑せずに済む。

市場で大コケしてさんざんな目にあい、その理由がアイデアを十分に検証しなかったからだとしたら、自分が嫌になるはずだ。とくにいまならそうだろう。本書を読み終えたあなたなら、わかっているはずだからだ。

しかし、たんねんかつ客観的に市場で検証したうえで失敗したのなら、がっかりしてくじけそうになるかもしれないが、自分を愚か者のように思う必要はない。ポーカーをしている際に手札にエースが四枚ぞろい（そうなる確率は四〇〇〇分の一未満）、大きく賭けたところ、他のプレイヤーにストレートフラッシュ（確率は七万分の一未満）を出されたようなものだ。そうした場合には、愚かというより、運が悪すぎたというべきだろう。

〈約束3〉あきらめずに続ければ、いつかは成功する。

本書のいたるところで、「失敗」という怪物と「新製品失敗の法則」について触れてきた。失敗こそが本書の敵役だからだ。うまい敵役はなべてそうだが、私たちの関心をわしづかみにして、注意を向けさせてくれる。

しかし、覚えていてほしい。市場で成功する頻度はそれよりずっと少ないが、ものすごくまれというわけでもない。一〇〇万回に一回ではないし、宝くじ並みでもない。はるかにいい確率だ。もし新製品の八〇パーセントから九〇パーセントが市場で失敗するというのなら、残りの一〇パーセントから二〇パーセントは成功する計算になる。それくらい勝ち目があれば、どうにかならないことはない。

つまり、ある程度の幸運があれば、本書で学んだことを実践すれば、五〜一〇種類のアイデア（またはバージョン）を検討し、テストする必要はあるかもしれないが、いつかは「ライトイット」のアイデアに巡り合えるはずということだ。

もちろん、そのためには、アイデアの変更やバージョンアップをするたび、それまでの市場での実験から学んだ内容を上手に取り入れていく必要がある。プレトタイピング実験の結果がたとえ仮説と一致しなかったとしても、何かしら市場について新しいことを学べるはずだ。たとえば、新たな事実やこれまで気づかなかった機会、新種のリソースなどだ。

そしてこうした新しい情報やリソースは次のステップを決める際に非常に役立つ——きっと「ライトイット」を発見できる日がさらに近くなるだろう。

「最高のアイデア」とは何か？

実際にこの本で登場したツールを使ってみればおわかりいただけるだろうが、本書で紹介したツールや戦術はきわめて強力だ。適切に利用すれば、「ロングイット」を回避して「ライトイット」を発見しやすくなり、成功する確率を一気に引き上げられるはずだ。

ただし、よくいわれるように、力には責任が伴う。その強みをあなたならどう使うだろう？　もっとはっきりいうなら、成功する自信があった場合、あなたならどんなアイデアを創造し、市場にもたらしたいだろう？

これは重大な問いだ。じっくり考えてみてほしい。なぜなら、たとえ「ライトイット」を確実に手にしていると思えたとしても、それを適切な形で世に出し、継続的に提供していくには、さらに多くの時間と費用、努力や犠牲、コミットメントが必要になるからだ。この問いについて適切な答えをじっくり話すには、おそらくもう一冊本を書く必要があるくらいだ。とりあえずここでは、二つの重要な要素について手短かに述べたい。

このアイデアは、私にとって「ライトイット」か？　このアイデアは、世界にとって「ライトイット」か？

最高のアイデア——市場の関心や熱狂ぶりがこれ以上はないくらい高いアイデア——は、必要になる努力やコミットメントも最高レベルである場合が多い。

そうなればワクワクもするだろうが、プレッシャーも大きくなる。そのうえ、自分のアイデアに全面的にかかわり、今後起きるあらゆることに対応していく準備ができていないかぎり、こうした成功はただの失敗よりも厄介で、はるかに多くの痛みや悩みを生じかねない。

私が駆け出しのころ、上司の一人がこうした状況を「成功の悲劇」と表現していた。「もし失敗することをつらいと思うようなら、本物の成功をまだ知らないからだ」というのが彼の口ぐせだった。私はその意味がよくわからなかったが、のちに成功の悲劇ともいうべきシナリオを自ら体験して腑《ふ》に落ちた。彼は正しかった！　失敗はつらいものだが、成功もつらい経験になりうる。

「ライトイット」のアイデアを発見し、手中に収めようとする経験は、「トラのしっぽをつかむ」ということわざによくたとえられる。それがどういうことかはテスラのＣＥＯ、イーロン・マスクに聞いてみればいい。

「イーロン・マスク」の忠告

この原稿を私が書いている時点では、マスクはまさにそんな「成功の悲劇」のまっただなかにいる。

二〇一六年、テスラは待望の新型電気自動車「モデル３」を発表した。この車は、同社の車両のなかでは最もお手頃価格で、従来のテスラ車の約半額になっている。購入希望者はテスラ独自のルールに則って、順番待ちリストに名を連ねるために一〇〇〇ドルの予約金（「身銭」）を支払わなければならない。予約は殺到し、数十万件にのぼった（ものすごいYODだ！）。初年度生産分のモデル3はわずか数日間で売り切れた。それでも注文はどんどんくる。

いつのまにかテスラは、約五〇万件の予約を抱えていた――「身銭」にすれば五億ドル、自動車業界の通常基準で考えれば、かつてないほどの文句なしの大成功だ。あとは、数十万台のモデル3を生産して客先に届ければいい。しかし数十万台は、創業まもない、比較的小規模な自動車メーカーにはかなりのボリュームだった。

それから約一年後。それほど意外ではないかもしれないが、テスラはピンチに陥っていた。一連の生産トラブルが起きた結果、納車は遅れに遅れ、いつ納品できるかわからないような状態だった。一〇〇〇ドルの予約金を払い込んだ人々は当然怒り心頭で、本当に車を受け取れるのか、受け取れる場合はいつになるのかを知らせるように要求していた。イーロン・マスクは、そうした顧客の一人にこんなふうに（ツイッター経由で）答えている。

「私たちにわかりしだい、あなたにもお知らせします。現在のところ、生産地獄にどっぷりはまった状態です」

別の際には、マスクはこんな状況報告のツイートをしている。「現実は、すばらしい高揚感とひどい落ち込み、絶え間ないストレスの毎日です。後半二つについてこれ以上聞きたい人がいるとは思えませんが」

しかし、そうしたことをぜひ聞きたいという人々はいた――また、どのようにマスクがひどい落ち込みと絶え間ないストレスに対処しているのかという質問も出た。マスクの答えは次のようなものだった。

「もっといい方法はいくらでもあるでしょうが、私の場合、不快なことはそのまま受け入れ、**本当にやりたいことをやるように心がけています**」

ありがとう、イーロン。すばらしいアドバイスを私たちに提供してくれたうえ、このセクションの主要メッセージをずばりと表現してくれた――この本の主要メッセージには、重要なただし書きが一つつくのだ。

「正しくモノをつくる前には、本当に正しいモノで、自分にとっても重要かを確認しよう」

これまで学んできたように、「ライトイット」を見つけることは簡単ではない。見つけるためには、かなりの努力や創造性、粘り強さが必要になる。きわめて幸運でもないかぎり、私たちの市場検証プロセスを生き残れるアイデアにたどりつくまでには、検証↓不合格↓計画の練り直しといった過程を何ラウンドも繰り返すはめになるだろう。

だから、有望なアイデアをようやく発見できたときには、それまでの努力をムダにしないためにも、さらに必死に働く覚悟をしておこう。「ライトイット」は、一つの旅の終わりであるとともに、もっと長く苦しい別の旅のはじまりでもある。そこでは、適切に製品化し、適切に売り、適切にアフターケアをし……といった難関を一つずつクリアしていかなければならない。その間ずっと競合他社と戦い続けながらだ。新たな「ライトイット」のアイデアが発見されれば、ライバルもひっきりなしに出現する。それが世のことわりというものなのだ。

イーロン・マスクと同じ規模の「成功の悲劇」を味わう境遇にあなたが置かれることはないかもしれない。それでも、あなた独自の分野で、さまざまな問題や混乱、トラブルに対処しなくてはならないことは保証できる。自分のアイデアを心から大事に思わないかぎり、そうした困難に対処し、目標を達成していけるだけの意欲は生まれない。

要するに、**何らかのアイデアをたずさえて最終的に成功するためには、そのアイデアが市場にとって「ライトイット」とわかるだけでは不十分なのだ。あなたにとっても「ライトイット」である必要がある。**二つの条件にマッチしなければならないのだ。

プレトタイピングをおこなうもう一つの重要な理由

どうすればアイデアとの相性、つまり自分が本当にそれをやりたいかどうかをあらかじめ知ることができるだろう？　「想像の世界」を出て、プレトタイピングのプロセスを経ていけば、そのアイデアに対する市場の現実の反応だけでなく、そのアイデアを仕事にすることに対する自分の反応についても学べるはずだ。そして、それがプレトタイピングをおこなう、もう一つの重要な理由でもある。少し詳しく説明しよう。

自分の仮説をはっきり把握し、その仮説をテストして結果を客観的に分析することは、あなたのアイデアを市場に照らして検証するための最も効果的で効率的な方法だ。それをおこなうには、強靭な意志とかなりの努力が必要になる。だがそれは、楽しくて刺激的な、魅力ある体験であるべきだ。

こうした初期の段階（たとえば、プレトタイピング実験の計画・準備・実施など）で、自分のアイデアにたずさわることに、少なくとも何かしらの楽しさや興奮を感じられないようなら、やり方が間違っているか、アイデアや市場との相性があまりよくないかだろう。そしてそれは見過ごすべきではない。なぜなら、それは現在のアイデアがあなたにとって「ライトイット」ではない可能性がある、という明確なサインだからだ。

もしあなたがプレトタイピングの過程を楽しんでいないなら、どこかの時点で、自分に厳しい質問をぶつけてみなければならない。

私が「想像の世界」で生み出したこのアイデアは、たとえ「ライトイット」だったとしても、私が興味をもてるアイデアなのだろうか？

この種の仕事や製品サービス、事業に、私は向いているのだろうか？

私は本当に、この先数年間、この市場で活動したいのだろうか？

もしこうした質問に肯定的に答えられない場合には、そのアイデアを実現することは考え直したほうがいいだろう――たとえその結果、市場で成功しそうなアイデアをあきらめることになったとしてもだ。興味のないことに取り組んで抜け出せなくなるのはまっぴらごめんのはずだ。遅かれ早かれ（たぶん早いだろうが）、つくづく嫌気がさしてベストを尽くさなくなる。それは、あなたのアイデアに対してフェアではないし、投資家や顧客、あなた自身に対してても同じことだ。

どんなにいいアイデアも、あなたと相性がよくなければ意味がない

自分のアイデアをプレトタイプするにつれ、そのアイデアが「ライトイット」かどうかだけでなく、自分（たち）がそのアイデアを実現する「ライトパーソン（またはチーム）」であるか

どうかもわかってくるだろう。それも同じくらい重要なことなのだ。典型的な例を一つ紹介しよう。

二年ほど前のことだ。私のもとに、ある年若い起業家からメールが舞い込んだ。ここではかりにダレルと呼ぶことにしよう。ダレルは、画期的で環境にもやさしい、おむつの宅配・処分サービスのアイデアをもっていた。彼は、本書のプレトタイプとして私が発行した小冊子『プレトタイプしよう！（Pretotype It）』（未邦訳）を読んで、そこに紹介されているプレトタイプのうち二つが自分のアイデアを検証するのにぴったりだと考えていた。自分が正しい方向に進んでいることを確認するために、私に連絡を取ったという。

彼は自分のコンセプトを説明したうえで、自分のプレトタイピング計画に関してフィードバックがもらえないだろうかと頼んでいた。私は、実験の客観性を高められるようなちょっとした変更点をいくつかアドバイスしたうえで、彼の成功を祈り、また状況報告をしてほしいと頼んでおいた。その後は自分の子どもたちがすでに二〇代であることもあり、おむつのことはしばらく忘れていた。

数か月後、私はグーグルにプレトタイピングに関するセミナーを開くように依頼された。対象は、ある大手の消費者製品メーカーの紙おむつ部門だという。そのセミナーの準備をしながら、私はダレルのおむつ宅配サービスのことを思い出した。彼のプレトタイピング実験はうまくいったのだろうか？　そこで連絡を取り、近況をたずねてみると、翌日、次のようなメールが彼から届いた。

「アルベルトさん、お約束したのに、結果をご報告せずに申し訳ありませんでした。

ご相談した実験は何回かおこない、結果は上々でした――『ライトイット』である確率はかなり高いと十分見なせるくらいにです。

しかし、実験するうちに気づきました。私は、おむつビジネスを本当に手がけたいとは思っていなかったのです。とにかく興味がないのです。このビジネスアイデアを成功させることは自分には可能だし、大成功させることさえ可能かもしれないと確信しています。でも、ワクワクしないのです。正直いえばうんざりします！　これはいい思いつきで、誰かが実現すべきだとは思いますが、その誰かは私ではないでしょう。自分がおむつなんかどうでもいいと思っていることに私は気づきました。もともと、子どもすらいないのです。お金のためだけにやるという道もありますが、それだけではあまりにも悲しい。私が本当に興味があるのはサッカーです。だからサッカー関連のアイデアを思いつき、あなたの手法をまた活用させてもらおうと思っています。

貴重なお時間をムダにしたうえ、がっかりさせてしまったことをおわびします」

ダレルは私の（および彼の）時間をムダにしてはいないし、私をがっかりさせてもいない。まったく逆だ。彼は、おむつビジネスの知識をそれほど「吸収」したいとは思わなかった。それでよかったのだ！　その業界が自分に合わないことを発見した――それはすばらしいことだ。いま発見するほうが後で発見するよりずっといい。後になるほど、身動きが取れなくなっている可能性も高いからだ。

プレトタイピングをおこない、アイデアを市場に照らして検証する際には、アイデアと市場からも検証されているようなものだ。だから自分のアイデアがどれだけ市場に求められているかというデータを収集する一方で、自分がその市場をどれだけ楽しめそうかという点にも注目してほしい。

この製品とともに、この市場で長期にわたって仕事をする――それは、あなたにとって楽しいことだろうか？　自分のアイデアにもとづいた事業を手がけることは、「想像の世界」ではすばらしいことに見えるかもしれない。しかし、ダレルやその他大勢の人が気づいたように、想像と現実はまったく違う場合も多い。

アイデアを検討する際には、市場との相性だけでなく、自分との相性も確認しよう。

それは世界にとっての「ライトイット」か？

このセクションを最後にもってきたのは、つけ足しや補足のような、あまり重要ではない内容のように考えているからではない。まったく逆で、ものすごく重要だと思うからこそ最後まで取っておいたのだ。このセクションを、お別れに向けてのはなむけと思ってほしい。

ここまでお話ししたことは、事実にもとづいた、実践的で合理的な内容だ。ツールや手法、戦術。市場、データ、お金。実験、結果、微調整……ここからは少しギアをチェンジして、あなた自身とこの世界の長期的な利益のために、やや哲学的な話をしてみたい。といっても心配しなくていい。それほど説教くさくなるつもりはない。

成功しやすくなるツールとノウハウをあなたはすでに手にしている。だから、もっとスケールが大きくてやりがいもある、すぐれたアイデアを追いかける自信をもってもいいのだと知っていてほしいだけだ。すべてのアイデアが同じくらい努力する価値があるわけではない――たとえそれが、定義上は「ライトイット」だったとしても。

良心にもとづいた判断が正しい方向に導いてくれる

もし私たちが「ライトイット」を、市場の需要（＝大勢の人が欲しがり、必要とし、購入する製品）

と市場での成功（＝きわめて利益率が高い、数百万ドル規模の業界）だけにもとづいて定義するのであれば、たばこや薬物の他、近年開発された常習癖がつきやすい数多くの製品や物質（合法かどうかは関係ない）はすべて当てはまる。

あるアイデアが誤った「ライトイット」――市場では成功するものの、関係者全員にとって益よりも害のほうが多いアイデア――かどうかを見きわめようとする際、どこで線引きをすべきなのだろうか？　その問いには私は答えられない。いうまでもないが、私の基準は完全に私の独断と偏見によるものだ。コカインはダメだが、地ビールならいい、シングルモルトのスコッチならさらにいい……といった具合になっている。

結局のところ、あなたの良心やその地域の法律、慣行などを組み合わせて指針にするほかない。「うちのおばあちゃんなら、どう思うだろう？」と自分に聞いてみることも役に立つ。そうすれば、たいていは正しい方向に導いてもらえるはずだ。

あなたが手にしているツールや知識をもってすれば、幅広い分野のアイデアを検討し、テストすることが可能になる。だから危険だったり、うさんくさかったり、非合法だったりする製品やビジネスにかかわり、自らや他人をトラブルに巻き込むようなリスクをおかす必要はまったくないのである。

志を高みに置き「手っ取り早く稼げる」を超えた視点をもつ

なかには法律や慣習に反するわけではなく、倫理や道徳上も問題ないが、あなたの知識や時間、努力を最も有効活用する方法ではなさそうな新製品のアイデアも存在する。そうしたアイデアは、この世界を最悪の場所に変えないかもしれないが、最高の場所にするわけでもない——何の影響もおよぼさないのだ。ちゃちなアイデア製品のようなもので、衝動的に購入されて一、二度使われたのち、ごみ箱送りになるか忘れられてしまう。

たとえば、初代iPhoneが発売された直後には、ありとあらゆるくだらない九九セントアプリが市場にあふれかえった。おならマシン、バーチャル・ステープラー、バーチャル・ライター、画面上のボタンをタップした回数を他人と競う「ゲーム」……例を挙げればきりがない(公正を期すためにいっておくと、私も購入したことはある)。

手っ取り早く稼げるアイデアを実現させようとすることが本質的に悪いわけではまったくない。しかし、もしあなたにモバイルアプリを開発できるだけのプログラミング技術があるようなら聞きたい。本当にその技術を、テクノロジー界の一大傑作であるスマートフォンをバーチャル・ブーブークッションにするために役立てたいのか？　と。

本書で取り上げたアイデアは、ほとんどがビジネス関連だ。

しかし、あなたが学んだコンセプトやツールはすべて、他の領域にも適用できる――いや、ぜひとも適用してほしいと思っている。

慈善団体や病院や学校、さらには各種政府といった非営利の組織も、ビジネスと同じように「新製品失敗の法則」の対象となる。社会の問題を解決しようとする社会起業家たちにとっては、成功を判断する基準は金銭以外になるかもしれない（たとえば、きれいな水にアクセスできる人の割合や、マラリアによる死亡者の削減率、釈放された政治犯の人数など）。しかし、自分の新しいアイデアやアプローチが想像（または希望）どおりに機能しない確率はきわめて高いという問題を抱えていることでは変わらない。

現実に、飢餓や予防可能な疾患、あらゆる種類の暴力といった、この世界が抱えるきわめて深刻な問題の多くについては、私たちはいまなお「ライトイット」の解決法を必死に探しているのだといえる。

「失敗」という怪物は、大義名分があっても見逃してはくれない。

しかし、この本で一緒に学び得たツールと戦術を活用すれば、互角に戦って勝つことも可能になるのだ。

究極の「ライトイット」を狙おう

もし確実に成功するとしたら、あなたは何をつくりたいだろう？　どんな製品やサービス、本、会社をこの世に送り出したいだろう？

世界には深刻な問題に満ちており、解決策が待ち望まれている。活用してくれる人をずっと待っている意義ある機会もたくさんある。あなたが本書で学んだことが、たんなるノウハウだけではなく、志を高くして、何かしら永続的な価値をこの世に生み出そうとする自信と勇気につながるようなら、著者としてこれほどうれしいことはない。

ぜひ世界をよりよい場所にする有益なもの、あなたというすばらしい人間にふさわしいものをつくり出してほしい。

「ライトイット」のアイデアを発見して、適切に実現して市場で成功した結果、金銭的な報酬がもたらされれば、すばらしい気分になれる。しかし自分にとってとくに意義があり、世界にとっても有益なアイデアで同じことになれば、最高の気分になれるはずだ。

そのうえ、自分にとって意義があり、世界にとっても有益なアイデアを手がければ、成功率も劇的にアップする。理由は二つある。一つは、解決しようとしている問題と対象市場を心から気にかけている場合、最初の（または二度目や三度目、もっと多くの）困難に直面したときに、あきらめてしまう恐れがずっと少ないからだ。どんな難問が行く手に立ちはだかっても、前進して乗り越えていけるような意欲やエネルギーがわいてくるだろう。

また世界にとっても有益で価値ある製品なら、邪魔されることもはるかに少ない。それどころか思いもしなかった人々や組織がどんどん現れ、応援してくれるようになる。彼らも、あなたとそのアイデアに成功してほしいからだ。

だからアイデアは慎重に選ぼう。ぜひ究極の「ライトイット」のアイデア――もし適切に実現すれば、市場で成功するだけでなく、あなたにとっても意義があり、世界にとっても有益なアイデア――を探し求めてほしい。

そして見つかったら、ふさわしい敬意を払い、適切な形で実現させよう。


最後に……

「失敗」という怪物はまだそこにいる。

いまもあなたを待ち続け、腹をすかせている。

襲いかかるならかかってくるがいい……

あなたにはもうすでに戦う準備はできたのだから。


あなたの成功を心から応援している！

【注釈】

＊7

ティナの著書『未来を発明するためにいまできること　スタンフォード大学　集中講義Ⅱ』（高遠裕子訳、CCCメディアハウス、二〇一二年）は非常におすすめだ——彼女の授業を受けられない場合、次善の策はこの本を読むことだろう。

＊8

Tina Seelig, “What Does Your Life Look Like Upside Down?（逆さまに見た人生はどんな感じ？）”Medium, August 4, 2017, https://medium.com/@tseelig/what-does-your-life-look-like-upside-down-66a5048df461

＊9

「三三六時間」という書き方に違和感がある？　すばらしい！　それが狙いなのだ。この段階では一週間単位ではなく、一時間単位で考えるようにしよう。

謝辞

何よりもまず、スタンフォード大学教授ティナ・シーリグの名を挙げてお礼を述べたい。ティナは私の仕事を長年、強力に支持して擁護してくれているだけでなく、誰よりも熱心に励まし、促し、せきたててくれた。私がぐずぐず先送りしている間に、彼女は自身の本を二冊も出版し、三冊目に取り組みはじめたという事実は、私が重い腰を上げるために必要としていたやる気とプレッシャーをもたらしてくれた。ティナ、間違いなくいえる。君がいなかったら、本書はいまも私だけの「想像の世界」にしかなかったはずだ。本当にありがとう。君は最高だ。

ハーパーワンのギデオン・ウェイルにも感謝したい。彼は、もともとの出版企画書に目を通し、私には人と共有する価値がある独自のコンテンツがあると確信させてくれた。ギデオンやハーパーワンの担当チーム全員（ライナ・アドラー、ジュディス・カー、キム・デイマン、メアリー・デューク、エイドリアン・モーガン、アン・モル、コートニー・ノービル、シドニー・ロジャーズ、リサ・スニガ、そしてデザイナーのテリー・マグラス）と一緒に働けたことは望外の喜びだった。レヴァイン・グリーンバーグ・ロスタンを著作権エージェントにもてたことも恵まれていた

――とくに賢明で経験豊かなジム・レヴァインの庇護のもとに置いていただけたことは、幸運以外の何物でもない。

親愛なる友人のナタリー・パンフィーリにも心から感謝したい。彼女は私が最初の草稿を書いている間、さまざまな面から貴重なフィードバックとアドバイスを提供してくれた。もし本を執筆することがマラソンなら（そんなふうに思えたこともたまにあった）、ナタリーは私が間違いなく完走できるよう伴走してくれる友人のような存在だった。ナタリー、私たちは走り切った！

この場を借りて感謝したい二番目のグループは、本書で取り上げた内容の開発・改良・共有にさまざまな形で協力してくれた多くの人々だ。

「ライトイット」とプレトタイピングにかかわる初期のコンセプトやツールは、グーグル時代に開発・検証しはじめたもので、その過程には何百人ものチームメンバーがたずさわっている。

残念ながら、こうしたメンバー全員の名をここに掲載することはできないが、どうしても挙げなければならない人々やチームはいる。

エリック・シュミットとウェイン・ロージングは、駆け出し時代の私をサン・マイクロシステムズのエンジニアとして採用し、メンター役を務めてくれたばかりでなく、その後再び、グーグルで初代エンジニアリング・ディレクターを務めるという比類ない機会と栄誉を与えてくれた。ウルス・ヘルツルにも、その見識あるアドバイスと支援に感謝したい。パトリック・コープランドは「あのプレトタイピングとやら」を私が実験しはじめたころに上司を務めるはめになり、以来、熱烈な伝道者兼支援者になってくれている。また、初代「イノベーターを解き放て(Unleash the Innovators)」チームのプレトタイパーたちにも礼を述べたい。ボブ・エヴァンズ、C・P・リム、スティーヴン・ユーラー、ディアナ・チェン、君たちのことだ。セシリア・ウォーガン＝シルバは、私と私の仕事をグーグルの外、さらにはシリコンバレーの外の世界に連れ出してくれた最初の人間だった。グーグルのチーフ・テクノロジー・エバンジェリストでスタンフォード大学dスクールの非常勤教授でもあるフレデリック・G・フェアードにも世話になった。

最後の――そして、きわめつきの特別の――「ありがとう」は、グーグルのすばらしき「エグゼクティブ・サミット」チームに捧げたい。このチームのおかげで、世界有数の規模と影響力を誇る多くの企業と「ライトイット」とプレトタイピングの概念を共有する機会がもてた――ブランディ・アンドリュース・ミハイロフスキー、アライナ・ビーマン、クリスティーナ・キャロル、アラン・イーグル、マイク・エミリング、マシュー・ハバード、クリスティ・レーン、ミシェル・マイオリーノ・ケリー、ジェシカ・ミカエリス、テレサ・オコーネル、イヴォンヌ・タマリス、クリスティン・ヴィジャヌエヴァ、ジェシカ・ウェッブ、どうもありがとう！

スタンフォード経営大学院教授のババ・シフにも心からの感謝を捧げたい。プレトタイピングについてスタンフォードで話すように招いてくれた最初の人物は彼だった。グラッチェ、ババ！　二〇一一年の初回の講演以来、講演や授業、ワークショップを通して、何百人ものスタンフォード大生や企業幹部にプレトタイピングを指導・特訓・共有する栄に浴してきた。ババ・シフとティナ・シーリグの他にも、以下のスタンフォード大学関係者に、すばらしい指導機会と支援を長年にわたり提供していただいている。ここに感謝の意を表したい。タニア・アベディアン、レティシア・ブリトス・カヴァナーロ、チャック・イースレー、マーク・マーク・グルンバーグ、マット・ハービー、レイチェル・ユルコウスキ、リッタ・カティラ、ハージョ・カーラ、トム・コスニック、マイケル・ペーニャ、ナブディープ・サーヘニー、アナイス・サン＝ユダ、ニッキー・サルガド、イーライ・シェル、ライアン・シバ、ダニエレ・ステューシー。

「教えることは学ぶこと」という格言はまさにそのとおりだった。これまで指導したプレトタイピング関連の課題やワークショップ、クラス、講演ではいつも、新しいことを学ばせてもらい、既存カリキュラムの改善点を発見できた。私の学生一人ひとりに心から礼をいいたい。

二〇一一年、私は一週間の時間をつくり、『プレトタイプしよう！（Pretotype It!）』（未邦訳）という小冊子（のようなもの）を執筆・校正した。本書のプレトタイプに当たるもので、PDF形式で無料配布した。これまで何千人に読まれたのかは見当もつかない。というのも時がたにつれ、数えきれないほど多くのウェブサイトで共有されるようになり、ボランティアの手で一二か国ほどの言語に翻訳されてもいるからだ。しかし、世界各地の読者からたくさんのメールをいただき、いい内容なので、もっと多くのツールや事例を含めて「ちゃんとした本」を書くべきだと勧めてもらったことで、本書を書くという決断をするのに必要だったデータと意欲がもたらされた。みなさん、ありがとう。

かつての生徒や同僚、読者のなかには、プレトタイピングへの関心を一段高いレベルに推し進め、プレトタイピング手法やツールの達人、伝道師、指導者の域に達した人々もいる。おかげでプレトタイピングの概念は、私一人では決して到達できなかったような国や組織の多くで学ばれ、改良され、実践されるようになっている。こうしたかけがえのないパートナーのうちでも、特筆すべき人々を以下に挙げておく。アメリカ国内では、ジェレミー・クラーク、パトリック・コープランド、リッチ・コックス、エリック・アレッサンドリーニ、マイケル・トーマス。ヨーロッパ地域では、レオナルド・ザングランド、ティム・ヴァン、ダン・コブリー、エラミ・ラフキン。アジア・オーストラリア地域では、レスリー・バリー。

この数年間、本当にたくさんの人の助力や知識、経験に支えられてきた。そうした人々のなかで、この場に絶対に名を挙げるべき誰かを忘れているような気がして不安でならない。

もしそのようなことがあれば、感謝の気持ちが足りないからではなく、私の記憶がとんでもないミスをやらかしたからで、代わりに深くお詫び申し上げたい。

最後に、家族や友人にも愛と感謝を伝えたい。君たちの励ましや支援なしでは本書は書けなかった。「ライトイット」の妻や娘、息子、両親、友人に恵まれた私は幸せ者だ。

用語集

【「失敗」という怪物】
無慈悲で貪欲な想像上の生物。ほとんどの新製品のアイデアはその餌食となり、アイデアを検証せずに実現しようとする人間は大ケガを負わされる。

【データは意見より強し】
市場で成功する確率を高めたい場合、肝に銘じて常に実践すべき鉄則。製品にかかわる意思決定は、意見ではなく、市場データにもとづく必要がある。また、どんなデータでもいいわけではなく（古いデータや他人のデータ（ＯＰＤ）などはいっさいダメだ）、あなた自身のデータ（「ＹＯＤ」の項を参照）でなければならない。

【データまでの距離（ＤＴＤ）】
必要な市場データを収集できる状態になるまでの距離を数字にし、なるべく短くしようとする際の指標。

【データまでの時間（ＨＴＤ）】
必要な市場データを収集するためにかかる時間を数字にし、なるべく短くしようとするさいに役立つ指標。

【データまでの金額（＄ＴＤ）】
必要な市場データを収集するためにかかる費用を数字にし、なるべく少なくしようとする際に役立つ指標。

【専門家の意見】　→「意見」の項を参照。

【失敗は許されない】
勇ましいが間違った言葉または概念で、トラブルの種になることも多い。ハリウッドのアクション映画のセリフにはぴったりだが、ビジネスの場には通常は向かない。この言葉を使うのは、アーノルド・シュワルツェネッガーが登場するアクション映画の台本を書いているときだけにしよう。

【検出漏れ】
「想像の世界」ではさんざん批判されたアイデアが、適切に実現されて市場に出された結果、成功するアイデアだったと判明すること。

【誤検出】
「想像の世界」では有望に見えたアイデアが、適切に実現されて市場に出されたものの無残な失敗に終わり、もともと失敗するアイデアだったと判明すること。市場での失敗のほとんどは誤検出による。

【超ズームイン】
XYZ仮説を「ズームイン」して対象や場所、時間を絞り込み、身近な場所で手早く低コストで検証できる、小規模なxyz仮説を引き出すためのプロセス。たとえば「セカンドデイ寿司」の場合のxyz仮説は「今日のランチタイムにクーパ・カフェ(Coupa Café)でパック寿司を買う人間の少なくとも二〇パーセントは、通常のパック寿司の半額程度の価格で売られていればセカンドデイ寿司を試す」となった。原則として、XYZ仮説が正しいときには、検証しやすいように「超ズームイン」した結果であるxyz仮説にもその事実が反映される。

【市場があれば、道はある】
アイデアや製品に対する市場の関心さえ十分にあれば、その実現を現在阻んでいる開発や財務、法律面などの障害を乗り越えられなくはない、という重要な教え（ただし、その手段を発見するのは、あなた以外の人間である場合もある）。もしアイデアが「ライトイット」なら、市場に通じる道は何かしらある。

【市場がなければ、道はない】

市場に関心をもってもらえなければ、どれほど斬新なデザイン、すぐれた性能、完全無欠の品質、大がかりなマーケティング戦略があっても、そのアイデアを成功させることはできない。


【それをつくれば、彼らはやってくる】

あまりにも楽観的で根拠のない考え方。ビジネスの場面で用いることはおすすめしない。彼らは来ない。あなたが「ライトイット」を手がけないかぎりはだ。ただし、この言葉は疑問形にすれば、モノづくりをしようとする際、自分に必ず問いかけたい質問になる。「それをつくれば、彼らはやってくるだろうか？」本書を読むことで、この重要な質問に答えやすくなるはずだ。


【新製品失敗の法則】

「ほとんどの新製品は市場で失敗する。たとえ、きちんとつくって売ったとしてもだ」。ほとんどの新製品のアイデアは、実現方法がいかに巧みでも失敗から逃れられない、という厳然かつ不変の事実。


【市場での失敗】

新製品に投資した際、実際の市場における結果が期待を下回るか、逆になること。


【市場での成功】

新製品に投資した際、実際の市場における結果が期待どおりになるか、期待を上回ること。


【市場の反応に関する仮説（ＭＥＨ）】

新製品のアイデアの背景にある基本コンセプトを、対象層がその製品にどうかかわるかという予想と組み合わせた大まかな説明。たとえば「セカンドデイ寿司」の場合のＭＥＨはこんな感じだった。「健康的な食事をしたい人や寿司好きの人でも、寿司を日常的に食べられるだけの懐の余裕がない人は多い。寿司はかなり高価な場合が多いからだ。他のファストフードと同じくらい手頃な値段で寿司を提供できれば、あまりヘルシーでない選択肢よりもこちらを選ぶ客は多いだろう」

【OPD（他人のデータ）】

他人によって／他のときに／他の場所で／他の手法で／他の目的のために収集された市場データのこと。厳密にはOPDもデータの一種だが、あなたのデータではないため、意見と同じくらい危険で誤解を生みやすい。OPDは、あなた自身のデータ（「YOD」の項を参照）の代わりにはならず、あなたのアイデアを評価するための必要条件でも十分条件でもない。そんなものを手に入れるために時間をムダにしないほうがいい。

【意見】

アイデアが成功する可能性に対する独断と偏見に満ちた判定。根拠がない場合も多い。「ライトイット」を探し求める際、意見は「役立たない」どころではない——人を惑わす、きわめて危険な存在になる。

【プレトタイプ】

プレトタイピングで用いられる特定のしかけやテクニック。「メカニカル・ターク（機械じかけのトルコ人）」型、「ピノキオ」型、「ニセの玄関」型、「ファサード」型、「YouTube」型、「一夜限り」型、「潜入者」型、「ラベル貼り替え」型などがある。

【プレトタイピング】

さまざまなツールや手法を用いて、新鮮なうえに強い関連のある、信頼できて統計的にも有意な市場データ（「YOD」の項を参照）を新製品のアイデアについてなるべく手早く低コストで手に入れること。プレトタイピングをおこなうのは、正しくモノをつくる前に、本当に正しいモノ（「ライトイット」）かを確認するのが目的だ。

【数字にしよう】

どんなときでも、なるべく数字でものを考えよう、という教え。ただの「長年の勘」などだったとしても、数字なら漠然とした不明瞭な表現よりも使いやすく役に立つ。たとえば「この製品は安くつくれるだろう」と言う代わりに、「この製品は一〇ドルでつくれるだろう」「この製品は競合製品より四〇パーセント安くつくれるだろう」と言おう。

【身銭】

あなたのアイデアに関心がある証拠として市場から提供される、何かしら価値があるもの。最もわかりやすい「身銭」はお金（支払い済みの予約、デポジットなど）だが、相手の時間や個人情報、評判なども「身銭」になりうる。

【身銭測定器】

「身銭」を数字にして測定する際に役立つツール。「身銭」なら何でも同じというわけではないので必要になる。たとえば同じ製品に対する予約注文でも、代金一〇〇〇ドルを全額支払ってもらうのと一〇ドルのデポジットでは重みが違うし、一時間の説明会に出席してもらうのと、たとえばメールアドレスをもらうのでは気軽さがまったく違う。

【想像の世界】

新製品のアイデアがたむろする架空の場所。新製品のアイデアはここでさまざまな意見を身にまとうことになる（そうした意見は、自発的に求める場合もそうでない場合もある）。ラスベガスに行くときと同じで、「想像の世界」での滞在は短めにするのが一番だ。そして「想像の世界」で起きたことは、「想像の世界」に置いてこよう。

【ライトイット】
新しい製品（またはサービス、会社、イニシアティブなど）のアイデアで、適切に実現した場合には市場で成功するもの。「ライトイット」は、「失敗」という怪物に対抗しようとする際、「クリプトナイト〔訳注：スーパーマンの力を吸い取り、無力にしてしまう鉱石〕」のような役割を果たす。

【ロングイット】
新しい製品（またはサービス、会社、イニシアティブなど）のアイデアで、たとえ適切に実現した場合でも市場で失敗するもの。「ロングイット」は「失敗」という怪物を引き寄せるマタタビのような役割を果たす。

【TRIメーター（「ザ・ライトイット」メーター）】
プレトタイピング実験の結果を視覚的にまとめるためのツール。アイデアが「ライトイット」である確率がどれくらいかを見きわめやすくする。

【XYZ仮説】
「数字にしよう」という戦略を「市場の反応に関する仮説（MEH）」に適用した際に得られるもの。XYZ仮説の基本フォーマットは「少なくともXパーセントのYはZする」となる。このときのXはターゲット市場（Y）における特定の割合を意味し、Zはその割合の人々がアイデアにどう反応するかという予想を表す。たとえば「セカンドデイ寿司」のXYZ仮説は「パック寿司を食べる人間の少なくとも二〇パーセントは、通常のパック寿司の半額程度の価格で売られていれば、セカンドデイ寿司を試す」だった。

【xyz仮説】
すばやく簡単に検証できる、規模が小さめな特定の仮説。対象がもっと広範囲なＸＹＺ仮説から導き出されたもので、内容もＸＹＺ仮説と一致している。たとえば「セカンドデイ寿司」の事例では、考えうるｘｙｚ仮説の一つは「今日のランチタイムにクーパ・カフェ（Coupa Café）でパック寿司を買う人間の少なくとも二〇パーセントは、通常のパック寿司の半額程度の価格で売られていればセカンドデイ寿司を試す」となった。なお、ＸＹＺ仮説から一種類以上のｘｙｚ仮説に移行するプロセスを「超ズームイン」と呼ぶ。

【ＹＯＤ（あなた自身のデータ）】
あなた自身のアイデアに関して、あなたやあなたのチームが自ら実験・収集したデータ（実験も、自らの仮説を検証するために自ら設計したものであること）。適切な「ＹＯＤ」と見なされるためには、「身銭」（「身銭」の項を参照）を伴わなければならない。ＯＰＤの場合とは違い、ＹＯＤはあなたのアイデアを評価する際

に利用されるための必要かつ十分な条件を備えている。

[著者紹介]
アルベルト・サヴォイア（Alberto Savoia）

多くの受賞歴を持つ起業家・イノベーター・講演家。

自らのアイデアの実現や各種プロジェクトに取り組むかたわら、「新製品失敗の法則」に打ち勝つための独自のアプローチをグーグルやスタンフォード大学のセミナーやワークショップ、世界各地の企業で指導している。またグーグルに参加する前は、サン・マイクロシステムズのソフトウェア開発部門ディレクターとして、JAVA関連の技術やツールの開発で重要な役割を果たした。ウォールストリートジャーナル紙技術革新賞、InfoWorld誌の「世界のベストCTO 25」賞および「今年の技術」賞といった、栄誉ある業界賞を数多く獲得している。

[訳者紹介]
石井ひろみ（いしい・ひろみ）

英語翻訳者。

南山大学文学部卒。イリノイ大学経営大学院で起業学とファイナンスを専攻し、MBAを取得。米国公認会計士（CPA）として現地法人で働いたのち、翻訳者に。

カバーデザイン　井上新八
本文デザイン　三森健太（JUNGLE）
翻訳協力　リベル
校閲　乙部美帆
DTP　天龍社
編集　淡路勇介（サンマーク出版）

Google×スタンフォード
NO FLOP！
失敗できない人の失敗しない技術

2019年10月20日　初版印刷
2019年10月30日　初版発行

著　者　アルベルト・サヴォイア
発行人　植木宣隆
発行所　株式会社サンマーク出版
東京都新宿区高田馬場2－16－11
（電）03-5272-3166
印　刷　中央精版印刷株式会社
製　本　株式会社若林製本工場

定価はカバー、帯に表示してあります。落丁、乱丁本はお取り替えいたします。

ISBN978-4-7631-3749-4　C0030
ホームページ　https://www.sunmark.co.jp